수니타 샴 <시그니처>

우리는 작게 존재합니다

일러두기

이 책의 원서는 일본에서 발행, 타라북스 책 제목을 일본 출간 도서 기준으로
표기했습니다. 한국 독자들을 위해 이 책에는 한국에 출간된 타라북스의 책은
한국어판 제목으로, 일본에는 출간되었으나 한국에는 출간되지 않은 책은
일본어판 제목으로 번역하고 원서의 영어 제목을 병기했습니다.

TARA BOOKS:

INDIA NO CHIISANA SHUPPANSHA, MASSUGUNI HON WO TSUKURU

by Natsuko Nose, Kodai Matsuoka, Tamon Yahagi

Copyright © 2017 Natsuko Nose, Kodai Matsuoka, Tamon Yahagi

Copyright © 2017 GENKOSHA Co., Ltd.

All rights reserved.

Original Japanese edition published by GENKOSHA Co., Ltd.

Korean translation copyright © 2018 by NAMHAEBOMNAL

This Korean edition published by arrangement with GENKOSHA Co., Ltd.

through HonnoKizuna, Inc., Tokyo, and AMO AGENCY

우리는 작게 존재합니다

세상에서 가장 아름다운 책을 만드는 타라북스

노세 나쓰코
마쓰오카 고다이
야하기 다몬 지음

정영희 옮김

유유맘에올

목차

타라북스의 책 만들기
·16·

타라북스의 책 만들기

☀

타라북스는 남인도 첸나이에 자리한
작은 출판사다. 사업 규모에 비해
작은 회사임에도 불구하고 아름다운
핸드메이드 책을 손수 찍어 내고 있다.
각종 권위 있는 그림책상과 아동문학상을
수상한 출판사이자 전 세계 책 애호가,
그림책 애호가를 매료시킨
출판사이기도 하다.

한 권의 그림책을 완성하기까지

요즘은 책을 찍어 내는 데 하루면 충분하다. 인쇄와 제본 기술이 발전했기 때문이다. 그러나 타라북스는 현대의 빠른 기계 방식을 따르지 않는다. 예전 방식 그대로 정성스레 편집하고, 인쇄와 제본도 수작업으로 하고 있다.

인도 독립의 아버지 마하트마 간디는 이런 말을 남겼다.

"선한 것은 달팽이처럼 천천히 나아간다."

한 권의 책을 완성하기까지, 타라북스는 어떤 과정을 진행할까? 그 달팽이 걸음을 함께 따라가 보자.

1 찾아가서 듣기

타라북스가 펴낸 다양한 그림책 중에서도 인도 소수 민족 예술가들과 작업한 책이 높은 평가를 받고 있다. 소수 민족의 이야기를 책으로 만들 때, 편집자는 그들의 마을을 수시로 방문하며 입에서 입으로 전해 내려온 이야기를 주의 깊게 듣는다.

2 밑그림

소수 민족 출신 예술가들은 벽이나 바닥 등
생활공간에 그림을 그리는 경우가 많다.
종이에 그림을 그리는 건 처음이라는 예술가가
있을 정도다. 어떤 그림을 조합해 어떤
그림책을 만들지, 차분히 대화하며 그 내용을
음미한다.

3 디자인

예술가의 그림을 기초로 디자이너가 책의
레이아웃과 배색을 결정한다. 때로는 해외
디자이너나 인턴이 디자인하기도 한다.

4 판 만들기

감광유제를 바른 메쉬에 슬라이드 필름을 압착시켜 빛을 비춘다. 이러한 감광 작업 뒤 물로 약품을 씻어 내면 메쉬 그물코에 뚫린 부분과 막힌 부분이 생긴다. 뚫려 있는 부분으로만 잉크가 통과해 인쇄되는 원리다.

5 잉크 조색

디자이너가 지정한 색을 기본으로 잉크를 배합한다. 불투명한 안료 잉크를 쓰기 때문에 종이 바탕색의 영향을 거의 받지 않는다.

6 인쇄

나무틀에 붙인 판을 고정시킨 뒤, 인쇄용
스퀴즈로 잉크를 밀어 넣듯 쓸며 한 장씩
찍는다. 찍어 낸 종이는 재빨리 건조 선반으로
옮긴다. 인쇄 기술자 3인 1조로 작업하며,
떡메를 칠 때처럼 서로 호흡을 맞춰 리듬감
있게 작업한다.

7 제본

인쇄 부서에서 넘겨 받은 페이지를 한 장씩
모아 가지런히 정리한다. 이 묶음을 천장에
매달린 끈과 실로 휘갑치기해 한 권으로
묶는다. 표지도 손수 만드는데, 두꺼운
보드지에 표지를 한 장씩 붙여 하드커버
책으로 완성한다.

한 번에 한 가지 색깔만 찍을 수 있기 때문에
다색인쇄인 경우, 찍고 말리는 과정을
반복한다. 그림책 <물 속 생물들 Waterlife>을
예로 들면, 한 권을 찍기 위해 이런 작업을
80번 이상 반복해야 한다.

8 포장과 발송

매일 들어오는 국내외 주문을 처리하기 위해
포장과 발송에도 정성을 다한다. 해외로
발송할 경우에는 배송 중 책이 손상되지
않도록 특히 더 신경 써서 포장한다.

종이 만들기

타라북스는 남인도 각지에서 제작한 수제
종이로 책을 만든다. 종이의 원료는 낡은
면섬유다. 손으로 떠서 만드는 옛날 방식의
종이이기 때문에 요철도 있고 두께도 균일하지
않지만 폭신하고 부드러운 촉감이 일품이다.

실크 스크린 인쇄

평소 우리가 보는 책들은 기계를 통한 오프셋
인쇄의 결과물이다. 그러나 타라북스의
핸드메이드 그림책은 실크 스크린 기법으로
찍는다. 실크 스크린은 판화 기법의
한 방식으로, 반대편이 비쳐 보일 정도로 얇고
촘촘한 천, 메쉬를 사용한다. 한 번에 한 가지
색깔밖에 찍어 낼 수 없다는 단점이 있지만
오프셋 인쇄와는 다른 매력이 있다.

9 타라북스의 도전

북페어 참석

타라북스는 미국과 유럽의 주요
도서전 개최 시기에 맞춰 신간을
발매한다. 프랑크푸르트도서전과
볼로냐국제아동도서전에 단골 부스로
참석하고 있으며, 세계 여러 서점과
출판사에서 타라북스의 신간을 기다리고 있다.

젊은 일꾼을 키우다

타라북스는 인쇄, 제본 기술자의 육성에도
힘을 쏟고 있다. 독신 직원은 사택에서
공동생활을 할 수 있고, 기혼 직원은 제각각
주거를 제공받는다. 모든 직원들이 회사에
자신의 의견을 말할 수 있도록, 직원과
회사 간에 대등한 관계를 유지하고 있다.
또한 타라북스는 잘못 인쇄된 종이를
재활용해 만든 노트와 카드 수익을
기술자 육성을 위해 사용하고 있다.

더불어 책을 만든다

장기 체재 중인 해외 디자이너, 미대 인턴들과
함께 책을 만들기도 한다. 2013년, 일본
이타바시 구립미술관에서 주최한 워크숍
'여름의 아틀리에'에는 타라북스 대표
기타 울프가 강사로 참여했다. 이 워크숍을
계기로 일본인 작가의 그림책이 타라북스에서
출판되기도 했다.

타라북스에서 일하는 사람들

타라북스에는 19세부터 70세까지, 폭 넓은 연령층의 사람들이 근무하고 있다. 그들의 작업장을 들여다보면 다들 즐겁고 편안해 보인다. 그 이유는 뭘까?

영업 지원 낸시
"여기서 일하다 보면 다들 가족 같다는 생각이 들어요. 서로에 대해 잘 알고 있고, 많은 것들을 서로에게 배우죠."

타라북스는 아름다운 그 림책을 만들고 있다. 하지만 그것만으로 타라북스를 전부 설명할 수는 없다. 타라북스는 소수 민족과 전 통 공예 장인 등, 인도 사회의 취약 계층 에 위치한 사람들과 책을 만들어 왔다. 공정한 사회, 풍족한 교육 여건, 즐거운 노동 방식을 개척하기 위한 노력. 타라 북스의 근간에는 이런 자세가 자리 잡 고 있다.

인쇄·제본 매니저 TS 마니
"공방의 규모를 확대할 수도 있고 기술자의 수를 늘릴 수도 있어요. 그러나 그렇게 하면 완전히 다른 회사가 되고 맙니다. 지금이 우리들의 방식에 어울리는 규모에요."

타라북스 대표 기타 울프
"사람은 누구나 제각각 아름다운 보물을 가지고 있습니다. 그것을 끌어내어 책으로 만드는 것이 우리들이 하는 일이죠."

해외에서 온 디자이너 카트리나
"타라북스에 왔다는 건, 제 인생의 가장 큰 변화 중 하나였어요. 타라북스는 전원이 대등한 관계에서 협업할 수 있는 회사입니다."

타라북스가 만들어지기까지

인도의 작은 독립 출판사 타라북스.
타라북스가 책을 만드는 일에는 기획부터 편집,
디자인, 인쇄, 제본에 이르기까지 구석구석
일관되게 흐르는 그들만의 철학이 있다. 이것은
타라북스의 책에 미처 담지 못했던, 그들이
일하고 살아가는 방식에 대한 이야기다.

글: 노세 나쓰코

지금, 내 손에는 책 한 권이 들려 있다. 2016년에 출판된 타라북스의 신간 <해와 달 Sun and Moon>이다. 책을 감싼 비닐 포장 왼쪽 윗부분이 살짝 찢어져 있다. 거기에 손가락을 걸고 쭉 벗겨 내면 표지를 펼쳐 볼 수 있다는 걸 잘 안다. 하지만 그 비닐 틈새로 코를 먼저 가져갔다.

타라북스의 냄새. 조금은 먼지 냄새 같기도 하고 흙냄새 같기도 한 잉크 냄새.

읽기 전의 고양감을 조금이라도 오래 맛보고 싶었지만 더 이상 참지 못하고 책을 펼쳤다. 이번에는 양껏 책 냄새를 맡았다. 두껍고 폭신폭신한 종이의 질감, 책장을 넘길 때마다 손에 색이 밸 것 같은 진한 잉크의 색감, 미세하게 어긋난 인쇄 상태와 손으로 떠서 만든 종이 특유의 불규칙한 요철들. 그리고 거기에 남아 있는 사람의 손길.

타라북스의 책을 처음 손에 쥐었을 때 어릴 적 볕이 잘 드는 방에서 책을 읽던 내 모습이 떠올랐다. 나는 어린이집도, 유치원도 정말 싫어하는 아이였다. 친구가 없다는 것을 걱정하지 않았다. 대신 책이 있었기 때문이다. 책은 내가 모르는 게 있으면 무엇이든 가르쳐 주는 소중한 친구였다. 앞으로 펼쳐질 미지의 세계, 그곳을 향한 모험으로 언제나 가슴이 두근거렸다. 도서관과 서점에 아직 보지 못한 책이 잔뜩 꽂혀 있는 것을 보고 '아무리 읽어도 다 못 읽겠구나' 주눅들었던 적도 없다. 읽을 책이 떨어질 리 없다는 사실에 오히려 안도했다. 책은 내게 그 무엇보다도 큰 행복이었다.

책벌레였던 나는 어른이 되어 책 만드는 일을 했다. 책은 기쁨을 주었지만 한편으로는 현실적인 실망도 가져왔다.

예산과 시간에 쫓겨 짜깁기와 타협으로 만들었던 기사, 속속 출판되는 베스트셀러 꽁무니를 쫓아 만들어야 했던 책, 팔린 전례가 없다는 이유로 통과하지 못한 기획서, 귀가 따갑도록 들려오는 '독서량 하락'의 뉴스. 책 만드는 일은 좋다. 도무지 질리지가 않는다. 그러나 한편으로는 '어른의 사정'이라는 그럴듯한 변명을 습득한 스스로를 자각하고 있다. 평생 읽어도 다 읽지 못할 책들, 또는 다 읽을 필요도 없는 책들. 혹시 내가 만들던 것 또한 책이라는 정보의 홍수 속에 그저 또 한 방울 더하는 책은 아니었을까.

타라북스 책을 처음 손에 쥐었을 때 우뚝 멈춰 서고 만 것도 그런 이유 때문이었다. 과연 나는 이처럼 누군가의 마음을 움직이는 책을 만들어 왔다고 할 수 있을까?

그래서 타라북스 사람들을 만났을 때 다시 한 번 놀랐다. 그들의 작업 방식, 삶에 대한 올곧은 눈빛이 그대로 내 가슴에 꽂혔기 때문이다.

타라북스의 시작

타라북스는 1995년 인도 타밀나두주의 가장 큰 도시 첸나이에서 어린이책 전문 독립 출판사로 시작했다. 타라북스의 주축이 되는 인물은 기타 울프와 V. 기타라는 이름의 두 여성이다. 창업자인 기타 울프는 인도에서 자라 독일에서 석사 과정을 밟았다. 비교 문학을 공부한 기타 울프는 10년 동안 해외에서 지내다가 1987년 가족과 함께 인도로 돌아왔다. 한편 파트너 V. 기타는 첸나이에서 나고 자랐다. 편집자이자 작가, 역사학자인 V. 기타는 아이들의 교육, 여성의 지위 향상 등 사회 문제를 해결하기 위해 움직이는 활동가다. 전혀 다른 기질을 지닌 듯 보이지만, 마치 해와 달, 쌍둥이 자매처럼 두 사람은 서로를 완벽히 보완한다. 하고자 하는 말, 하고 싶은 일에 대해 토론하며 서로 생각을 조율해야 하는 순간도 있지만 중요한 것에 대해서는 완벽히 의견이 맞는다. 타라북스를 시작하려던 때도 둘은 생각이 같았다.

'인도에서는 아이들에게 읽어 주고 싶은 책을 찾기가 쉽지 않다.'

인도 출판문화는 역사가 길지 않다. 일본이나 미국, 유럽의 출판문화와도 다르다. 어릴 적 반드시 누구나 한 번은 읽었을 법한, 스테디셀러 그림책 같은 것도 인도에는 거의 없다. 만약 있다고 해도 인도 그림책이 아닐 가능성이 더 크다. 몇 가지 인도 특유의 문화 배경을 그 이유로 들 수 있다.

첫째로 인도는 기록보다 구승이 보편 문화다. 각 민족의 신화와 역사는 그 지역 이야기꾼의 입으로 사람들에게 전해졌다. 관혼상제나 축제 같은 자리에서 이야기꾼이 들려주던 부족의 이야기가 선대에서 후대로 이어져 내려온 것이다.

또 하나는 언어의 문제다. 인도 정부가 공식 인정하는 공용어는 힌디어와 준공용어인 영어다. 그러나 공용어인 힌디어를 사용하는 사람은 인도 전체 인구의 대략 30퍼센트 정도에 불과하다. 인도의 각 주는 언어와 문화 구분에 따라 경계선이 그어져 있다. 공적으로 인정받는 언어만 해도

202개나 된다. 게다가 인도 전체로 보면 870여 개, 방언을 포함하면 약 2천 개 정도의 언어를 사용한다. 인도의 화폐인 루피 지폐에는 총 17개의 언어가 인쇄되어 있지만, 인도에서 쓰는 언어를 생각해 보면 17개 언어만으로는 부족할 정도다. 그런 까닭에 인도 사람끼리 만나도 영어로 대화해야 하는 경우가 비일비재하다. 부유층, 교육 혜택을 받은 계층을 포함해 영어를 쓰는 사람이 많기 때문에 인도에 유통 중인 그림책 대부분은 미국이나 유럽 책의 번역본이거나 모방작이었다.

참고로 이 특수한 언어 체계 때문에 인도 출판사들은 좋든 싫든 지금까지도 각 언어별로 독자적인 길을 걷고 있다. 인도에는 연간 1만 9천여 개의 출판사가 약 9만 권의 새 책을 출간하고 있다. 그중 공용어인 힌디어와 영어로 된 책은 절반 정도에 불과하다. 나머지 절반은 약 120개의 서로 다른 언어로 출판되고 있다.

또한 같은 이유로 그림책 시장 발전도 더뎠다. 인도 대중들에게 그림책이라는 형식은 일반적인 표현 방식이 아니었다. 타라북스를 시작한 1995년 당시도 그랬고 지금도 마찬가지다. 인도 사람들에게 책이란 페이지마다 글자로 가득한 것, 그리고 '무언가 내게 도움이 되는 것'이라는 인식이 강하다. 아직까지도 그림책을 어떻게 읽어야 하는지 물어보는 사람이 많다.

타라북스가 만들려는 책은 인도 아이들이 읽고 싶어 하는, 인도 아이들을 위한 책이다. 어른이 자기만족을 위해 아이에게 건네주는 책이 아니라, 책 읽기의 순수한 즐거움을 아이들에게 알려 줄 수 있는 책. 그리고 인도이기 때문에 만들 수 있는 책. 이 두 가지가 창업 당시부터 타라북스의 밑바탕에 자리해 온 핵심이다. 지금도 시행착오를 거듭하며 타라북스는 자신만의 책을 만들고 있다.

우연이 만든 핸드메이드 책

단번에 타라북스 이름을 세계에 알린 책은 2008년 볼로냐국제아동도서전에서 라가치상을 수상한 <나무들의 밤 The Night Life of Trees>이다. 묵직한 질감의 칠흑빛 종이에 한 장 한 장 손으로 찍어 낸 아름답고 정밀한 신화의 세계는 인도 국내보다 해외에서 먼저 높은 평가를 받았다. 일본어뿐만 아니라 한국어, 프랑스어, 독일어, 스페인어, 이탈리아어로도 번역된 <나무들의 밤>은 지금도 변함없이 타라북스의 스테디셀러를 차지하고 있다. 책에 묘사된 압도적인 신화의 세계관이 독자의 마음을 사로잡는 것은 물론, 사람의 손길이 깊이 남아 있는 핸드메이드 제작 방식도 책의 매력을 더욱 높이고 있다.

종이 만들기부터 인쇄, 제본에 이르기까지 모든 것을 수작업으로 만드는 방식은 책 제작에 있어 전혀 새로울 게 없다. 오히려 원시적이라고 불러도 될 정도로 아날로그 방식이다. 기계 인쇄가 발달한 일본이나 서구권에서는 오히려 이 정도 규모로 핸드메이드 책을 만드는 일이 더 불가능하다. 그렇다고 인도 어디에서나 가능한 작업도 아니다. 이만한 부수를 이렇게나 놀라운 완성도로 찍어 낼 수 있는 출판사는 전 세계에서 아마 타라북스뿐일 것이다.

그러나 사실 타라북스의 핸드메이드 책은 우연이 중첩된 작은 해프닝에서 비롯된 선물이었다. 우당탕거리며 소란스러운 인도 영화의 한 장면처럼 말이다.

왈리 부족의 화가 인드라프라밋 로이는 인도 중부의 마하라슈트라주에서 멀리 떨어진 첸나이까지 찾아왔다. 창업한 지 얼마 되지 않은 타라북스에서 함께 일하고 싶다는 이야기를 전했기 때문이다. 기타 울프와 만난 로이는 무언가 이야기를 들려달라고 했다. 그러자 기타 울프는 어린 시절 할머니에게 들었던 이야기를 로이에게 들려줬다. 분별력이 부족하고 사냥하기를 싫어하는 게으른 사자 이야기였다. 로이는 그 이야기를 바탕으로 생동감 넘치는 이야기를 만들어 냈다. 로이의 머릿속에 있던 인도의 풍경이 이야기의 무대가 되었다.

기타 울프는 로이의 아름다운 책을 품고 세계 최대 규모의 도서 박람회인 '프랑크푸르트 북페어'로 날아갔다. 정확히 말하면 책이 아니라 겨우 두 장짜리 그림 견본을 들고 날아갔다. 심지어 실크 스크린으로 찍어 낸 것이었다. 오프셋 인쇄로는 북페어 기간에 맞출 수 없었기 때문에 알고 지내던 인쇄소에 부탁해 손으로 뜬 거칠거칠한 종이에 실크 스크린 기법으로 찍을 수밖에 없었다. 나중에 오프셋 인쇄로 찍으면 된다고 생각했다.

며칠간 이어진 북페어에서 타라북스는 고작 한 건의 출간 상담을 했다. 그것도 지인을 통해 겨우 성사된 만남이었다. 캐나다에 자리한 그 출판사는 완성본도 없는 두 장짜리 견본을 잠깐 본 후 말했다.

"이 책 8천 부 주문할게요. 견본과 같은 종이, 같은 색깔,

같은 방식의 핸드메이드 인쇄여야 합니다."

생각지도 못한 대량 주문에 기타는 "네!" 하고 대답했다. 어깨춤이 절로 나왔다. 신이 난 발걸음으로 엘리베이터에 올라탔다. 그리고 로비에 내려설 무렵, 문득 제정신이 돌아왔다.

'8천 부라고? 그렇게나 많은 책을 대체 어떻게 찍어야 하지?'

공황 상태로 인도에 돌아온 기타 울프는 실크 스크린 인쇄소로 달려갔다. 캐나다 출판사에서 선금을 받은 덕에 종이는 살 수 있었다. 그러나 잉크 조색이 문제였다. 인쇄소 조색공의 말에 따르면 '견본에 쓰인 색은 드럼통에 잉크를 대충 쏟아 붓고 크리켓 스틱으로 휘휘 섞어 만든 색깔'이었다. 견본과 같은 색으로 책을 찍어야 하는 그는 더 깊은 혼란에 빠졌으리라. 그러나 그 상황을 상상해 보면 어쩐지 슬며시 웃음이 번진다. 참으로 주먹구구식이지만 어딘가 느긋한 풍경이라고나 할까.

이렇게 완성한 그림책이 1995년 출간된 <배고픈 사자 The Very Hungry Lion>다. 출간하자마자 북미, 유럽 출판계의 주목을 받았다. 타라북스로 책 주문이 끊임없이 밀려들었다. 몇몇의 우연, 그리고 그림책 출간을 위한 노력이 모여 일으킨 작은 기적이었다. 갓 시작한 타라북스는 이런 과정을 통해 운영 기반을 안정적으로 다질 수 있었다.

덧붙이자면, 그 당시 드럼통에 잉크를 부어 크리켓 스틱으로 조색했던 인쇄 기술자 중 아루무감이라는 인물이 있다. 그로부터 20년이 지난 지금 아루무감은 타라북스의 프로덕트 매니저 겸 핸드메이드 책 공방 'AMM 스크린즈'의

타라북스가 만들어지기까지

The
Very
Hungry
Lion

Text
Gita Wolf

Art
Indrapramit Roy

The Very Hungry Lion

Wolf/Roy

경영을 맡으며, 핸드메이드 책 만들기 전반을 책임지고 있다. '미스터 에이'라 불리는 그는 타라북스에서 아버지 같은 존재다.

타라북스의 핸드메이드 그림책은 이렇게 시작되었다. 인도에서는 당연하다 여기며 놓치고 있었던 핸드메이드 책의 아름다움, 그리고 책을 통해 펼쳐지는 인도 신화의 신비로움. 인도인 스스로도 몰랐던 그 아름다움을 제일 먼저, 높이 평가한 곳은 미국과 유럽 출판사들이었다. 타라북스로서는 무척 기쁜 일이었다. 다른 문화권에서는 낯선 인도의 독특한 문화와 그림, 이야기였음에도 깊이 공감할 수 있는 '무언가'를 자신들의 그림책으로 전달한 것이기 때문이다.

소수 민족 예술가들을 만나다

◈

핸드메이드 책은 타라북스의 대명사 같은 존재다. 최근 일본어로 번역된 타라북스의 책 대부분도 핸드메이드 책이다. 그래서 타라북스를 핸드메이드 책 전문 출판사라고 생각하는 사람이 많을 것이다. 그러나 실제로 핸드메이드 책은 타라북스에서 펴낸 책의 약 20퍼센트에 불과하다.

그럼에도 타라북스의 핸드메이드 책에는 20퍼센트라는 숫자를 뛰어넘는 강한 개성이 있다. 인도 각지의 소수 민족과 부족이 자신만의 문화로 계승해 온 각각의 예술 세계를 그림책에 가져왔기 때문이다.

타라북스는 2003년에 출간한 <인도의 동물들 Beasts of

India> 때부터 소수 민족 예술가들과 협업하기 시작했다. 기타 울프와 타라북스 직원들은 인도의 여러 아트 페스티벌에 참여했다. 인도 각지에서 열린 페스티벌에서 소수 민족의 다양한 예술 세계를 접했던 것이 그들과 협업하게 된 가장 큰 계기였다. <인도의 동물들>에는 소수 민족 예술가들이 그린 인도의 동물과 생물을 한데 엮었다. 주거지의 벽면이나 바닥에 그려진 그림을 그대로 베껴 실은 그림도 있는데, 타라북스는 모든 그림의 원작자를 수소문했다. 원작자를 찾았을 때는 본인의 허락을 얻은 뒤에 책 작업을 진행했다.

지금이야 인도 거리에서 소수 민족의 예술을 도입한 광고나 토산품을 쉽게 발견할 수 있다. 하지만 십수 년 전만 해도 아무도 거들떠보지 않는 장르였다. 그러므로 당시 소수 민족 예술을 도입한 타라북스의 시도는 출판사로서 꽤나 대담한 시도였다고 할 수 있다. 소수 민족 예술이 역사적으로 소외당해 온 이유는 무엇일까? 그 까닭 역시 인도 특유의 언어 사정에 기인한 바가 크다.

앞서 말했듯, 인도에는 수많은 언어 체계가 존재한다. 지금도 인도 전역에는 다양한 언어의 숫자만큼 다양한 소수 민족이 거주하고 있다. '아디바시'라 불리는 그들은 인도 총인구의 약 8.6퍼센트를 차지한다.(2011년 총 인구 조사) 아디바시란 힌디어로 원주민을 의미하는 말이다. 정부에서 인정하는 소수 민족의 숫자만 해도 460여 개에 달한다. 광활한 국토, 서로 다른 기후와 환경 속에서 소수 민족은 저마다 고유한 문화를 꽃피웠다. 그리고 대를 이어 그 문화를 이어 나갔다. 그들에게 신화와 종교 의례는 자신들이

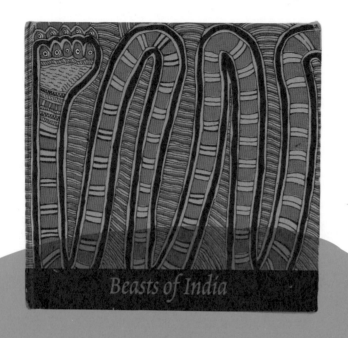

Beasts of India

타라북스가 만들어지기까지

살아가는 땅, 자연이라는 이름의 신을 받들어 모시기 위한 것이다.

이야기가 조금 곁길로 새지만, 인도 전체 인구의 약 80퍼센트를 차지하는 힌두교가 지금처럼 보편적인 종교로 자리매김한 것도 그리 오래되지 않았다. 힌두교가 급속히 확산될 수 있었던 이유 중 하나는 각 지역의 토착 신앙을 힌두교의 아바타(화신) 개념으로 정리해 힌두교 속으로 능란하게 끌어들였기 때문이다.

인도의 소수 민족 문화는 참으로 흥미롭다. 인도라고 했을 때 아마도 타지마할 같은 거대 건축물을 인도의 전형적인 이미지로 떠올리는 사람이 많을 것이다. 그러나 사실 인도를 대표하는 이미지 대부분은 무굴제국1526년부터 1857년까지 인도를 통치한 이슬람 왕조 시대의 것으로, 아랍과 이스라엘 문화에 강하게 영향을 받은 것이다. 그러나 각지의 소수 민족들이 몇 세대에 걸쳐 진화시켜 온 토착 문화는 무굴제국의 것과는 완전히 다르다. 색채가 풍부하고 원시의 힘이 넘쳐흐른다. 또한 그들의 문화는 일부 특권 계층을 위한 것이 아니다. 소수 민족의 문화는 늘 일상과 함께했다. 풍요와 번영을 위한 소박한 기도나 감사의 뜻을 담은 토속 문화는 관혼상제 같은 특별한 날이건 일상적인 날이건 아주 당연히 부족 사람들과 함께했다. 그들은 거주지의 바닥이나 벽, 기도하는 곳을 장식하기 위해 그림을 그렸다. 벽과 바닥이 아닌 종이에 그림을 그리게 된 것은 생활 방식이 변화하며 먹고살기 위해 화폐를 구해야 했던 시대부터다. 그리고 안타깝게도 소수 민족의 존재는 인도 사회의 구조적인 문제 안에서 오래도록 관심 밖의 영역이었다. 더 정확히 표현하자면 무시당해 왔다. 인도 예술의 주인공은 세밀화나 대리석 세공 등 무굴제국 시대의 것이었기 때문이다. 국립박물관, 현대미술관조차 소수 민족의 예술품을 전시하는 경우는 그리 많지 않다. 미술을 전공하는 학생들조차 소수 민족의 예술에 대해 배울 수 있는 기회가 거의 없다.

그러나 타라북스는 언어가 통하지 않는 지역으로 들어갔다. 역사와 문화 배경에 대한 상세한 자료도 거의 없는 상황에서 책을 만들기 시작했다. 출판 지식이 없는 그들과 끊임없이 대화하며 그림책을 만들었다. 소수 민족 예술을 향한 타라북스의 이런 시도는 사회학 또는 인류학의 경지에 이르는 활동이었다.

<인도의 동물들> 이후 타라북스는 수많은 소수 민족 예술가와 프로젝트를 진행하며 책을 만들었다. 그리고 쇄를 거듭할 때마다 모든 예술가에게 제대로 된 인세를 지불했다. 안타깝게도 인도에서는 이것이 당연한 일이 아니었다. 때로는 돈을 받지 않으려는 사람도 있었다. 인세 제도를 이해하지 못한 그들로서는 아무것도 하지 않았는데 돈을 받는다는 사실이 두려웠기 때문이다.

다르다는 것은 근사한 것

기타 울프는 소수 민족 예술가와 함께한 그림책 작업에 대해 이렇게 쓴 적이 있다.

"인도에서 영어를 쓰는 아이들을 대상으로 만든 책 대부분은 서양 사고방식을 기초로 한 책입니다. 모방의 냄새가 짙고 아이들을 가르치려고만 하는 책이죠. 인도만의 아이들 책을 만들기 위해서는 다른 방향으로 눈을 돌려야 한다고 생각했습니다. 그런 와중에 소수 민족 예술가들과 만났지요. 그들이 세상을 바라보는 방식은 놀랄 만큼 신선했습니다. 재능과 상상력, 지혜로 가득 차 있었지요. 아이들에게 다양한 관점을 경험할 수 있게 해 주는 것은 무척 어려운 일입니다. 인기 있는 책은 전 세계로 유통되고, 같은 프로그램이 여러 나라의 텔레비전에서 방영됩니다. 세계 어디에 있건 인터넷에서 같은 내용을 접합니다. 지금 시대는 우리에게 많은 선택지를 제공하는 것 같지만 사실 대부분 비슷한 내용입니다. 진정한 의미에서 '다르다'는 것은 때로는 과격하고 이질적이며 상식을 깨부수는 것들입니다. 그리고 이 '다르다'는 것은 각각의 문화가 그러하듯 대등한 가치가 있습니다. 세대를 넘어 이어져야 하는 것들이지요. '다름'은 두려워하거나 배제해야 할 대상이 아니라 존중하고 칭찬해야 할 대상입니다."

오해를 불러올 수 있는 발언이지만, 인도에 살면서 이런 식으로 생각할 수 있는 사람은 흔치 않다. 꽤나 특이한 부류에 속하는 사람이라고도 할 수 있다. 비록 겉치레에 가깝지만 '사람은 누구나 평등하다', '직업에 귀천은 없다'는 소리를 듣고 자란 일본인으로서는 구체적으로 상상하기 어려울 정도로, 인도의 계급과 격차는 우리 생각보다 훨씬 더 견고하게 인도 사회 전반에 뿌리박고 있다. 인도를 여행하다 보면 길에서 만나는 가난한 사람들과 유복한 집에서 부족함 없이 교육을 받고 자란 사람들의 삶이 너무나도 다르다는 것을 알게 된다. 마치 다른 행성의 삶이나 마찬가지다. 그리고 어떤 계급이든 이 현실을 어느 정도 수긍하고 있는 듯 보인다.

인도에서는 종교적인 보시를 선행이라 여긴다. 그렇기 때문에 가진 자가 가지지 못한 자에게 베푼다는 개념으로 보시를 하는 경우를 종종 볼 수 있다. 그러나 근본적으로 계급을 인정하는 이런 개념은 타라북스와 전혀 어울리지 않는다. 풍족한 계급인 기타 울프와 그렇지 못한 소수 민족 예술가 사이에 존재하는 것은 편집자와 저자라는 대등한 관계일 뿐이다. 타라북스의 활동은 선행이나 보시의 개념이 아니라 순수한 창작활동이다. 자신들이 훌륭하다고 믿는 예술가를 지원하는, 예술에 대한 타라북스의 자유로운 의사 표명인 것이다.

'그저 이 작품이 훌륭하기 때문이다.'

이렇듯 순수하게 예술의 눈으로 작품을 고르고, 인도 사회라는 울타리를 가볍게 뛰어넘는 것이야말로 기타 울프의 재능이리라. 그리고 여러 이질적인 것들을 대범하게 포용하고 있는 나라, 인도가 지닌 여유도 타라북스의 그림책이 나올 수 있었던 하나의 배경이다.

인도에 가면 자연 풍광과 그 느긋함에 몸을 맡기곤 한다. 그럴 때면 문득 나 자신을 되돌아보게 된다. 나는 '다르다'는 것을 충분히 즐기고 있는가. 이질적인 미지의 것들에 대해 주위 시선을 신경 쓰지 않고, 좋으면 좋다고 내 의사를 드러낼 수 있는가.

어딘지 모르게 갑갑한 분위기의 일본에 있다 보면 이런 것들을 생각해 보지 않을 수가 없다.

디자인과 타이포그래피

다시 책 이야기로 돌아가 보자. 앞에서 살펴보았듯, 타라북스 책에서 빼놓을 수 없는 시각 요소는 압도적인 존재감과 강렬함을 지닌 소수 민족 예술민속화처럼 어느 특정 문화권이나 토착 부족을 통해 계승되는 예술 작품이다. 그러나 그것만이 전부는 아니다. 타라북스에는 소수 민족 예술가만큼 중요한 또 한 명의 저자가 존재한다. 바로 디자이너다. 타라북스는 내용과 시각 요소의 균형에 특히 더 공을 들이는 출판사다. 그들에게 북 디자인이란 책을 통해 표현하고 싶은 것을 더 정확히 구체화하기 위한 수단이다. 집으로 비유하자면 지붕 같은 존재라 할 수 있다. 비바람을 막아 주는 지붕이 없다면 아무리 멋진 가구라도 금세 엉망이 되고 만다.

타라북스 초창기 때부터 여러 책 작업을 함께해 왔던 라트나 라마나탄은 타라북스의 북 디자인 철학에 큰 영향을 준 인물 중 한 명이다. 타밀나두주 출신인 그는 현재 첸나이와 런던에 거점을 두고 활동하고 있으며 영국왕립예술학교에서 디자인과 타이포그래피를 가르치고 있다. 또한 첸나이와 런던에 위치한 자신의 스튜디오 '마이너스 9'를 통해 BBC월드와 유니세프 디자인 일을 하고 있다. 이종 문화 간의 커뮤니케이션 디자인과 타이포그래피의 전문가인 라트나의 눈에도 타라북스의 그림책은 각별했다. "이렇게 혁신적이고 지속가능한 방식으로 책을 만들 수 있다니!" <배고픈 사자>를 처음 본 그는 감탄을 금치 못했다. V. 기타는 라트나에 대해 '기존 책의 정의를 해체해 책의 가능성을 확장시킨 사람이자 타라북스의 디자인 철학에 형체를 부여한 디자이너'라 평하고 있다.

라트나가 제일 처음 작업한 타라북스 책은 <나무 위의 호랑이 Tiger on a Tree>다. 1998년 출간한 이 책은 생동감 있고 빼어난 묘사는 물론이거니와 라트나의 타이포그래피가 독자의 눈길을 사로잡는다. 소리 내어 읽기 전에 이미 타이포그래피만으로 대사의 어감까지 느낄 수 있다. 이렇듯 이야기와 한몸으로 융합된 라트나의 북 디자인은 '그림책을 접해 본 적이 없어 어떻게 읽어야 하는지 모르는' 인도 아이들까지도 고려한 것처럼 보인다. <나무 위의 호랑이>는 북 디자이너들 사이에서도 꽤나 큰 반향을 불러일으켰고 이후 여러 디자이너가 라트나의 방식을 도입해 책 작업을 하기도 했다.

<나무 위의 호랑이> 이후에도 라트나는 타라북스와 여러 책 작업을 함께했다. 시인 아누쉬카 라비샹카르와 공저로 작업한 <그라부베리만 아니면 돼 Anything but a Grabooberry>에서는 문자 그 자체를 시각적 소재로 잡아 디자인했다. 특히나 라트나의 진면목을 엿볼 수 있는 작품은 2009년 발간한 <구두점의 나라에서 In the Land of Punctuation>다. 괄호, 마침표, 물음표 등 문장 부호만으로 구성한 이 책은 디자인을 통한 커뮤니케이션과 타이포그래피의 장점이 충분히 발휘된 작품 중 하나다. 특히나 넌센스 시 운율은 맞지만 통일된 의미는 없는 시. 동음이의어나 각운을 활용해 운율을 맞춘, 일종의 언어유희의 경우, 음과 타이포그래피의 절묘한 궁합이 훨씬 더 효과적으로 드러난다.

타라북스 디자인의 훌륭함을 거론할 때 빼놓을 수 없는 책

이 한 권 더 있다. 브라질 출신 디자이너 조나단 야마카미가 디자인한 <불타는 꼬리가 달린 공작새를 보았다 I Saw a Peacock with a Fiery Tail>가 바로 그 책이다. 조나단은 인도에 머무르는 동안 타라북스와 여러 책 작업을 함께했는데 <불타는 꼬리가 달린 공작새를 보았다>의 디자인 작업에만 2년 가까이 걸렸다.

<불타는 꼬리가 달린 공작새를 보았다>는 17세기 영국의 작자 미상 시로 만든 그림책이다. 언어유희가 숨어 있는 일종의 트릭 시trick poem 형태로, 쓰인 그대로 읽으면 초현실적으로 느껴지는 문장이지만 각각의 문장을 분해해 다음 문장과 연결하면 전혀 다른 시적 표정이 드러나는 시다. 그 시 본연의 구조적 트릭을 시각적으로 아름답게 완성시키는 것은 상당히 어려운 일이다. 단순히 시어와 그 정경을 조합하는 것만으로는 충분하지 않다. 시의 의도를 정확히 이해해야만 그에 걸맞은 디자인을 만들어 낼 수 있기 때문이다. 시의 두 가지 의미를 모두 취하기 위해서는 문장을 앞뒤로 분해해서 같은 구절을 두 번 읽어야만 하는데, 단순한 방식이라면 같은 구절을 두 번 인쇄하는 디자인이 되고 만다. 그것을 피하면서 시의 트릭을 드러내고, 그와 동시에 시의 세계를 시각적으로 표현해 줄 수 있는 아이디어가 필요했다.

결론부터 말하자면, 조나단은 페이지마다 여러 모양의 구멍을 뚫어打孔 그 전후에 중요한 시어와 문장을 배치하는 것으로 시 본연의 세계를 드러냈다. 파랑과 검정을 기초로 한 곤드족 화가 람 싱 우르베티의 그림도 고요하고 초현실적인 시의 공간과 완벽히 어울렸다.

<불타는 꼬리가 달린 공작새를 보았다>를 완성하기까지 기타 울프, V. 기타, 아루무감, 라트나 등 여러 사람의 의견을 책에 반영했다. 책 작업을 진행하는 동안 페이지마다의 타공 디자인도 여러 번 바뀌었다. 이런 과정을 거치며 <불타는 꼬리가 달린 공작새를 보았다>는 처음 디자인과 전혀 다른 결과물로 나왔다.

조나단은 타라북스와의 작업에 대해 이렇게 말했다.

"타라북스의 느긋한 속도, 지그시 바라보며 오래도록 생각하는 것, 디자인하는 것, 수정하는 것, 그 모든 것이 좋았습니다. 여러 과정과 시간이 축적되며 프로젝트가 '성숙'해지는 감각을 이 책으로 체험할 수 있었어요. 시간이 가져다 준 효과를 실감할 수 있었던 작업이었습니다."

북 디자인은 단순한 장식이 아니다. 일러스트레이션으로 내용을 보충하기만 하는 것도 아니다. 디자인도 문장과 마찬가지다. 디자인 그 자체에도 문장만큼의 철학과 사상이 내포되어 있다. 좋은 디자인은 독자와 책의 첫 만남에서 좋은 인상을 남긴다. 문자로 다 담지 못한 표현을 더해 주는 방식으로 저자와 대화하며, 저자의 세계관을 보다 능률적으로, 눈에 보이는 형태로 드러낸다. 이 책을 어떻게 읽어야 할지 의식하기 전에 훨씬 더 본능에 가까운 방식으로 말이다.

❀

타라북스의 구성원들, 특히 기타 울프는 북 디자인뿐만 아니라 책의 형태와 그에 대한 새로운 정의에도 관심을 기울이고 있다. 타라북스에서는 이와 관련해서 여러 실험적인 책을 펴내고 있다.

그중 가장 먼저 출간한 작품이 <자주색으로 변한 참새 부인 Hen-sparrow Turns Purple>이다. 1998년 출간한 이 책은 한 장의 종이를 부채 주름처럼 일정하게 접은, 일종의 종이접기 형식의 책이다. 전부 다 펼치면 벽에도 걸 수 있는데, 부탄의 경전에서 힌트를 얻어 디자인했다고 한다.

2015년 출간한 <어머니 여신의 천 The Cloth of the Mother Goddess>은 힌두교 경전 속 이야기를 목판에 새긴 후 천에 인쇄해 책으로 구성했다. 결과물만 보자면 책이라기보다는 특별한 수공예품 느낌이 물씬 풍긴다.

2013년 기타 울프는 이타바시 구립 미술관의 초청을 받아 '여름의 아틀리에'라는 워크숍 프로그램을 진행했다. 그때에도 그는 '책의 형태를 추구하다'라는 테마를 워크숍 과제로 삼았다. 이 워크숍을 계기로 만든 그림책 중 하나가 2015년 출판한 <똑똑! 똑똑! Knock! Knock!>이다. 상하좌우로 펼쳐지는 이런 그림책 형태는 최근 타라북스에서 베스트셀러로 자리 잡은 책들의 구조이기도 하다.

한 장의 종이, 낱장을 모은 다발, 그것을 철해 묶은 것. 어디까지를 책이라고 불러야 할지 깊이 생각하는 일. 이 과정은 책의 역사와 정의, 기능과 내용에 어울리는 방식을 재검토하는 작업이기도 하다. 타라북스의 '책의 형태'는 실험적이다. 때로는 그 실험이 과한 경우마저 있다. 그럼에도 그 근간을 파헤쳐 깊이 바라보는 작업은 책에 대한 진지한 모험심이 있기에 가능한 일이지 않을까.

타라북스는 아트북을 만드는 출판사라는 이미지가 강하다. 그러나 타라북스에서 펴낸 책 중에는 오프셋 인쇄본도 많다. 그중에는 페이퍼백도 있고 적은 페이지 수에 흑백으로 찍어 인쇄비를 절감한 것도 있다. 가난한 사람들도 그림책을 살 수 있게, 인도 아이들 누구나 그림책을 접할 수 있게 만들고자 하는 궁리의 결과물이다. 타라북스가 하나의 작품을 타밀어와 힌디어로 찍어 내는 것도 같은 이유에서다.

다른 시점으로 바라보다

✦

앞에서 이미 밝혔듯, 타라북스가 만든 책들 중 핸드메이드 책은 고작 20퍼센트에 불과하다. 그렇다면 나머지 80퍼센트는 대체 어떤 책들일까?

사실 나 또한 핸드메이드 책을 통해 타라북스라는 존재를 알았기 때문에 타라북스의 오프셋 책에는 그다지 큰 관심이 없었다. 델리의 큰 서점에서조차 타라북스의 오프셋 책을 찾아보기 힘들었기 때문이기도 하다. 그러나 머지않아 알게 됐다. 핸드메이드 책만으로 타라북스를 규정해서는 안 된다는 사실을 말이다. 물론 타라북스의 모든 책이 훌륭하다고 맹목적으로 칭송할 생각은 없다. 그들 스스로도 시행착오를 겪으며 자신들이 잘할 수 있는 분야를 깨달았다고 말한다. 핸드메이드 책은 큰 부가가치를 창출하는 분야 중 하나다. 그러나 타라북스는 그저 아름다운 책만을 만드는 출판사는 아니다. 명확한 관점과 사상을 책이라는 형태로 구현해 미약하게나마 사회에 필요한 소리를 내놓는, 활동가적 면모를 가진 출판사이기 때문이다.

타라북스는 고전이나 신화에 새로운 시각을 덧붙여 재해석하는 분야에서도 탁월하다. 2010년 출간한 <I Have a Dream 마틴 루서 킹 그래픽 평전 I See the Promised Land>이 바로 그런 책이다. <I Have a Dream>은 흑인 시민권 운동의 지도자 마틴 루서 킹의 생애를 그린 그래픽 노블로, 마틴 루서 킹은 마하트마 간디에게 지대한 영향을 받은 것으로 알려진 인물이다. 미국 시러큐스 대학에서 영문학을 연구 중인 아서 플라워스가 글을 썼고, 파투아 작가 마누 치트라카르가 일러스트레이션을 그렸다. 파투아란 인도 동부의 웨스트벵골주, 오디샤주 등지에서 활동하는 민족 예술가를 지칭하는 말로, 세로로 긴 두루마리 그림 '파투'를 지닌 채 마을과 마을을 오가며 다양한 이야기를 들려주는 이야기꾼이다. 지역에 전해 내려오는 신화부터 시작해 어딘가의 마을에서 벌어진 가십거리까지, 그들은 무엇이든 두루마리 그림으로 그려 이야기한다.

이 책의 그림을 그린 마누 치트라카르는 책 작업을 하며 마틴 루서 킹 목사에 대해 처음 알았다. 이야기를 들은 마누는 곧바로 그림을 그리기 시작했다. 마누의 그림에 아서가 글을 덧붙이고 다시 마누가 몇 장면을 추가해 그리는 방식으로 책을 완성했다. <I Have a Dream>은 만화와 흡사한 그래픽 노블의 형태를 취하면서 파투가 지닌 현장감

I SEE THE PROMISED LAND
A LIFE OF MARTIN LUTHER KING JR.
ARTHUR FLOWERS
MANU CHITRAKAR

을 그대로 재현해 낸 책이다. 참고로, 마누는 이 책과는 별도로 마틴 루서 킹의 이야기를 두루마리 그림으로 다시 그렸다. 그리고 자신의 레퍼토리에 마틴 루서 킹의 이야기를 추가했다.

1996년 발간한 <아이의 눈으로 본 마하바라타 The Mahabharatha: a Child's View>는 지금도 판을 거듭해 찍는 타라북스의 베스트셀러 중 하나다. '마하바라타'는 힌두교의 성전인 동시에 장대하면서도 철학적인 서사시다. <아이의 눈으로 본 마하바라타>는 삼히타 아르니라는 열두 살 소녀가 인도 고전에 대해 글을 썼다는 사실 때문에 발간 당시 인도에서 큰 화제가 되었다. 사실 타라북스는 핸드메이드 책 이전에 <아이의 눈으로 본 마하바라타>를 통해 인도에서 인지도를 크게 높일 수 있었다.

고대 문학이 대중들로부터 멀어지고 있는 경향은 인도 또한 마찬가지다. 일본에서 <고사기>고대 일본의 신화, 설화, 전설을 기술한 책. 일본의 가장 오래된 문헌으로 알려져 있다나 <겐지 이야기>를 읽는 사람이 줄어들고 있는 것과 마찬가지다. 그러나 아이의 순수한 언어로 쓴 <아이의 눈으로 본 마하바라타>는 어린이라는 한정된 독자층뿐만 아니라 복잡한 장편을 꺼리던 어른들도 많이 읽는 책으로 자리 잡았다.

또한 타라북스는 고대 그리스의 유명한 희곡들도 새로 편집해 발간했다. 미국의 J. 폴 게티 박물관과 공동작업으로 2001년에는 소포클레스의 <안티고네 Antigone>를 같은 제목으로 출판했고, 2004년에는 <오이디푸스 왕 Oedipus the King>을 펴냈다. 이어서 같은 해에 에우리피데스의 희곡 중 <바커스의 신녀 The Bacchae>를, 2006년에는

<히폴리토스 Hippolytos>를 출판했다. 네 작품 모두 기타 울프가 새로이 원고 작업을 했고 <배고픈 사자>의 인드라프라밋 로이가 그리스 신화의 세계를 그림으로 표현했다. 그리고 모두 실크 스크린으로 인쇄해 핸드메이드 책으로 만들었다.

앞에서 살펴보았던 <구두점의 나라에서>도 잊혀져 가던 고전의 발굴이라고 할 수 있다. <구두점의 나라에서>는 독일 시인 크리스티안 모르겐슈테른이 1905년 발표한 시의 영어 번역본을 토대로 만든 그림책이다. 시 그 자체보다는 디자이너인 라트나의 시각적 재해석이 두드러지는 책으로 완성됐다.

책으로 말하고 질문하다

❋

어렸을 때 알게 된 사실, 그때 배웠던 것들의 영향력이 얼마나 큰지 어른이라면 누구나 공감하지 않을까. 나 역시 그랬다. <씩씩한 마들린느>를 읽으며 알게 된 맹장염이 세상 그 무엇보다 무서웠고, 초등학생 때에는 도서관에서 무심코 읽었던 <맨발의 겐>1945년 히로시마를 배경으로 한 반전 만화 때문에 전쟁의 공포로 벌벌 떨었다. 작가의 의도가 원래 그랬던 건지는 모르겠지만, 마른 스폰지처럼 모든 걸 빨아들이던 머리와 가슴에 책의 내용이 깊이 스며들었고 오래도록 머물렀다.

타라북스도 책이 지닌 힘을 잘 알고 있다. 인도 거리의 아이들과 환경 문제에 대해 쓴 <쓰레기 줍는 아이들

The London
JUNGLE BOOK

Trash!>, 가난한 마을 출신 여성이 예술가가 되기까지의 여행을 그린 <내 붓 가는 대로 Following My Paint Brush>, 숫자로만 이야기하는 아이의 눈으로 스리랑카 내전 시대를 그린 <숫자로 말하는 소년 The Boy who Speaks in Numbers> 등 타라북스는 사회 문제를 테마로 한 그림책을 계속해서 펴내고 있다. 참고로 타라북스는 영문판 <맨발의 겐> 시리즈 중 첫 번째 책을 출판했다.

또한 소수 민족 예술가들의 시점으로 세상을 바라보는, 대단히 흥미진진한 시도도 있었다. 2004년 출간한 <런던정글북 The London Jungle Book>은 <나무들의 밤> 저자 중 한 명인 곤드족 화가 바주 샴이 자신의 부족과 나라를 처음으로 떠나 런던에 머물던 때의 여정을 묘사한 그림책이다. 그의 눈으로 바라본 런던은 이상한 세계였다. 우리가 이미 알고 있다고 여기던 런던은 그의 눈을 거치며 전혀 다른 도시로 변한다. 그의 실제 체험을 통해 우리는 평범하고 당연하다고 여겨 온 세상의 모습이 고정불변의 유일한 것이 아닐 수 있다는 사실을 깨닫는다.

2015년에 펴낸 <기억과 박물관 사이 Between Memory and Museum>에서는 소수 민족과 우리의 세계를 완전히 뒤집어서 바라보고 있다. 개성적인 문화라는 꼬리표를 달고 박물관에 전시되어 있는 소수 민족의 삶을 당사자들은 어떻게 바라보는지, 박물관이라는 공간이 소수 민족 예술가의 눈에는 어떻게 비춰지는지가 이 책을 관통하는 주제다. 타라북스는 이 책을 통해 여러 소수 민족 예술가에게 '당신에게 박물관이란 어떤 것인가?'라는 질문을 던졌다. 해외 예술가와의 공동 작업도 어떤 의미에서는 마찬가지다. 다른 문화권의 시선을 작품에 도입하면서 다양한 시점을 제공하기 때문이다. 타라북스는 그들의 모습을 있는 그대로 받아들인다. 그리고 독자와 연결시키는 다리 역할을 한다. 타라북스는 작은 소리에 귀 기울일 줄 안다. 그들의 '다름'을 억지로 바꾸려 하거나 '우리들의 상식'으로 서투르게 번역하려 하지 않는다. 서로 납득이 갈 때까지 대화를 거듭하는 것. 이것이 타라북스가 책을 만들 때의 기본이다.

타라북스의 시간

현재 일본어로 읽을 수 있는 타라북스의 책은 열 권 정도다. 당연한 말이지만 인도 현지에서는 더 많은 타라북스의 책을 접할 수 있다. 다른 출판사처럼 타라북스도 매년 출판 목록을 만든다. 출판 목록이란 근간과 신간의 소식을 전하는 알림장 같은 것으로, 출간한 책이 거의 없었던 1996년부터 매년 빠짐없이 출간 목록을 작성하고 있다.

취재 당시, 초창기 책들을 포함해 타라북스에서 작업한 모든 목록을 볼 기회가 있었다. 그중 무척 관심을 끄는 책이 한 권 있었다. 인도 섬유의 역사에 대한 책이었는데 실물은 한 번도 본 적이 없었다. 워낙 옛날 책이라 재고가 없겠거니 싶었지만 V. 기타에게 그 책에 대해 물어봤다. 그러자 이런 대답이 돌아왔다.

"그 책은 아직 출판 전이에요. 프로젝트를 시작하고 보니 워낙 자료가 방대해서 아직 정리를 다 못 했거든요. 정말 좋은 프로젝트죠? 언젠가 꼭 해 볼 생각입니다."

나는 그 책을 1996년의 출판 목록에서 발견했다. 출간 예정작으로 국제표준도서번호인 ISBN까지 발행한 상태였다. 지나칠 정도의 느긋함에 어이가 없었다기보다는 오히려 그런 여유가 감동스럽기까지 했다.

또한 타라북스는 한 직종에 주목해 그 사람의 하루를 소개하는 시리즈 책도 펴냈다. <웨이터 바부 Babu the Waiter>, <꽃을 파는 포니 Ponni the Flower Seller>가 있는데, 같은 시리즈임에도 아직 완성하지 못한 한 권의 책이 더 있다. 풍선 장수인 라자의 하루를 따라가는 <풍선 장수 라자 Raja the Balloon Man>라는 책이다. 출간 목록에서 표지 시안까지 첨부하며 소개한 책이다. 그러나 풍선 장수 라자가 갑작스레 행방불명되면서 현재 프로젝트가 중단된 상태라고 했다. 사실 이런 돌발 변수는 인도에서 일상적인 사건이라고 할 수 있다. 하지만 그것을 어떻게든 억지로라도 완성하려 하지 않는 부분이야말로 타라북스답다고 할 수 있다.

책 작업에서 마감은 때로 원동력이 된다. 동료들과의 공통된 목적지이기도 하기 때문에 마감을 나쁘다고만은 할 수 없다. 하지만 지나치게 마감에 휘둘리다 보면 내용물이 뒷전에 밀리는 사태에 빠지기 쉽다. 시간에 맞추는 일 그 자체가 목적이 되기 때문이다. 마감을 지키기 위해 대충 작업하고 넘긴 경험은 누구에게든 있을 것이다. 하지만 타라북스는 그러지 않는다. 납득할 때까지 시간을 들이고, 다시 생각하고, 몇 번이고 의견을 나눈다. <불타는 꼬리가 달린 공작새를 보았다>처럼 제작에 2년이 걸린 책도 있는

가 하면, 20년 전의 출간 목록에는 등장하지만 아직 볼 수 없는 신간도 있다.

시간은 모든 사람에게 공평하게 흘러간다. 그러나 타라북스의 작업 방식을 보고 있으면 쓰는 사람이 누구냐에 따라 시간은 꽤나 다르게 흘러간다는 당연한 사실을 새삼 깨닫는다.

또 하나, 타라북스와 연관된 시간 이야기를 하자면, 타라북스 책을 손에 넣기 위해서는 시간이 걸린다. 핸드메이드 책은 특히 더 그렇다. 발주하고 받아보기까지 평균 9개월, 아무리 빨라도 반년은 기다려야 한다는 사실을 타라북스와 관계 맺고 있는 출판사라면 다들 알고 있다. 그도 그럴 것이 타라북스는 종이 만들기부터 시작하기 때문이다.

지금도 세계 어딘가에는 타라북스의 핸드메이드 책이 서점에 입고되기를 기다리는 사람이 있다. 하지만 기타 울프와 V. 기타, 아루무감은 서두르지 않는다. 밀려드는 주문을 소화하기 위해 잔업을 시키는 일도 없고 핸드메이드 책을 대량으로 만들기 위해 작업장 규모를 확대하려고도 하지 않는다. 직원들은 지금의 작업장에서 매일 같은 시간, 그 시간에 가능한 작업을 착실히 하고 있다.

기타 울프는 이렇게 말한다.

"주문이 들어오고 '6개월이 걸린다'는 대답을 했을 때 상대방이 어떤 반응을 하는지도 우리에게는 중요한 판단 기준입니다."

겉으로 드러나는 아름다움에 대한 표면적인 평가뿐만이 아닌, 그 배후에 존재하는 제작 방식, 노동 과정, 사고방식에 공감하는지가 타라북스에게 중요한 요소 중 하나이기 때문이다.

마니바난은 타라북스 유일한 영업 담당자다. 그 또한 타라북스의 이런 방식을 잘 이해하고 있다. 타라북스에서는 책을 팔아야 하지만 재고가 없어 팔지 못하는 상황이 종종 벌어진다. 이런 특이한 스타일의 회사에서 영업 일을 하고 있기 때문에, 주문처와 타라북스 사이에 끼여 난처한 입장일 때도 있다. 그러나 그는 타라북스 책을 파는 것이 행복하다고 말한다. 아무리 시간이 걸려도 기다려 주는 사람들, 그들에게 당당히 전해 줄 수 있는 책이기 때문이다.

현대는 뭐든 빠르고 쉽게 손에 넣을 수 있는 편리한 사회다. 그리고 완전히 그 방식에 익숙해진 우리는 편리함을 당연한 것으로 생각한다. 클릭 한 번이면 뭐든 집까지 배달되는 방대한 물류 시스템. 우리는 컴퓨터나 스마트폰 화면으로 손쉽게 인스턴트 정보를 얻지만 금세 잊어 버린다. 아무리 큰 사건이라도 반년만 지나면 놀랄 만큼 풍화되어 잊혀진다.

하지만 우리는 알고 있다. 시간을 들이지 않고는 알 수 없는 애착, 말로 표현하기 어려운 감정이나 사건도 존재한다는 사실을 말이다. 모든 것이 아무리 빠르고 편리해진다 하더라도 거기서 절약된 시간이 나의 여유로운 한때로 되돌아오지 않는다. 그런 현실에 한숨을 내쉬면서도 금세 또 휩쓸린다. 어쩌면 그래서 더 우리는, 느긋한 시간이 흐르는 타라북스의 핸드메이드 책과 그 세계에 끌리는 것인지도 모른다.

작게 존재하는 의미

❋

이야기가 약간 옆길로 새지만 일본 출판계의 현실에 대해
잠시 살펴보고 넘어가자.

일본 출판 시장은 서적 중개상이 중간에서 책을 배본하는
독특한 유통 시스템으로 돌아가고 있다. 서적 중개상이란
일종의 도매상으로, 출판사와 서점을 연결하는 역할을 하
고 있다. 물론 일부 출판사와 서점은 서로 직접 거래하는
형태를 취하기도 한다. 그러나 대부분의 출판사는 직접 거
래하기보다는 중개상을 끼고 서점과 거래한다. 보다 손쉽
게 일본 전역에 책을 진열할 수 있다는 장점 때문이다. 사
실 책의 대량 유통이 가능하게 된 것도 서적 중개업의 역
할이 크다. 지금까지는 이 시스템이 지닌 장점이 더 컸다.
그러나 출판 불황 시대인 최근 들어 전국 서점의 감소, 서
적 중개상의 잇따른 도산 등 시스템 자체에서 부작용이 드
러나고 있다. 요즘은 매일같이 새로운 잡지와 서적이 쏟아
져 나오는 시대다. 출판됐더라도 서적 중개상에 재고가 없
다거나 지방 서점에 한 권도 진열되지 못한 채 묻히는 책
도 많다. 일본의 서점에는 일반 도매업에는 없는 '도서정
가제', '반품제도'라는 특이한 업계의 규칙이 존재한다. 이
역시 시스템의 부작용을 초래한 원인 중 하나다. 예를 들
어 팔릴 것으로 예상해 열 개를 주문했지만 네 개가 남았
을 경우, 일반 소매업에서는 가격을 내려서라도 모두 팔아
치우려고 한다. 그러나 일본의 서점은 보통의 소매업자와
다른 방식을 택한다. 팔고 남은 책을 중개상에 반품할 수
있기 때문이다. 그러니 반품 받는 중개상 입장에서는 책의

매입 자체에 소극적일 수밖에 없다. 그러면 결국 출판사의 수입은 떨어지고, 팔리지 않는 책의 손실을 되돌리기 위해 가능한 더 많은 종류의 새 책을 만들어 낼 수밖에 없다.

그러나 이런 현상이 출판계에만 한정된 것은 아니다. 소비자들은 쉽게 싫증을 느끼고, 갖가지 새로운 상품과 서비스가 매일같이 제공된다. 그러나 우리는 그것이 정말 필요한 것인지조차 모른다. 그럼에도 대량생산과 대량소비와 대량폐기는 반복된다. 신기하고 새로운 것에 달려들면서도, 한편으로는 성장을 강요하는 자본주의 경제에 넌더리가 나기 시작했다. 언제까지 우리는 끊임없는 성장을 계속해야만 하는가.

타라북스의 사고방식, 그리고 노동방식은 이러한 세계 속에서 태어난 안티테제다. 타라북스는 이 거대한 경제의 소용돌이 속에서 스스로를 소비시키지 않는다. 타라북스는 노동방식에 대해 의식적으로 고민하고 실천하며 세상과 작은 싸움을 하고 있다. 타라북스가 독립적인 시스템으로 운영되고 있으며 비교적 작은 조직이기에 가능한 일이라고 말하는 사람도 있을 것이다. 그 말도 맞는 말이다. 그렇지만 여기서 중요한 것은 자신들의 목적을 관철시키기 위해, 타라북스 스스로 '작게 존재한다'는 방식을 선택했다는 점이다. 예정된 책이 늦어지거나 출판을 못 하더라도 타라북스는 그에 안달하지 않는다. 물론 실망은 하겠지만 그렇다고 누가 죽고 사는 문제는 아니기 때문이다. 규모를 확대하면 타라북스는 지금보다 훨씬 더 많은 돈을 벌 수 있는 출판사다. 그러나 타라북스에게 책이란, 손에 쥘 수 있는 물리적인 형태로 남는 것이자 누군가의 가슴에 잊히

지 않는 기억으로 남는 존재다. 타라북스가 특별한 까닭은 누군가가 손에 든 자신들의 책이 그 사람의 인생을 바꿀 수도 있다는 '책의 힘'을 진심으로 믿기 때문이다. 그런 생각으로 매일, 그리고 성실히 자신들의 일을 해 나가기 때문이다.

타라북스의 책 만들기는 결코 마법이나 기적이 아니다. 실로 당연한 것을 매일 성실히 쌓아 가며 만든 결과물이다. 하지만 우리는 늘 시간에 쫓기고, 일상은 반복되고, 너무도 쉽게 타성에 사로잡힌다. 그래서 그 당연한 것이 기적처럼 어렵게 느껴진다.

대화하고 참여하는 책 만들기

◉

타라북스의 책 제작 과정을 취재하던 중 반복해서 등장했던 단어가 있다. 바로 '다이얼로그', 대화다. 타라북스는 책 제작 과정에서 대화를 가장 중요하게 여긴다. 상대방과 마주 보며 진솔하게 나누는 이야기. 놀랄 만큼 단순한 행위지만 늘 무언가로 바쁜 현대에는 무척이나 어려운 일이다.

타라북스는 대중과 함께하는 워크숍 이벤트로 신간 프로젝트의 시동을 걸기도 한다. 대화를 중시하는 타라북스다운 방식이다. 당연히 이 워크숍에는 일반인도 참여할 수 있다. 마케팅이라기엔 다소 과장된 표현이겠지만, 사람들의 반응을 직접 보면서 책을 만들 수 있기 때문에 제작에서도 큰 장점이 있다. 규모가 작은 출판사에서는 책 한 권을 찍어 내는 것도 그리 쉬운 일이 아니다. 몇 권의 실패작을 감수할 만한 여유가 없기 때문이다. 일본에서는 책 출간 뒤에 이벤트를 하는 경우는 많지만 출간 전에 이벤트를 여는 일은 거의 없다. 아마 인도의 다른 출판사도 마찬가지일 것이다. 실험을 좋아하는 타라북스다운 방식이기도 하다.

이렇듯 독특한 타라북스의 워크숍 이벤트는 크게 두 종류로 나뉜다.

그 하나는 예술가나 저자를 화자로 초대하는 강연 워크숍이다. 저자가 자신의 문화와 역사, 예술 작품의 의미를 참가자들에게 들려주는 자리다. 저자도 자신의 정체성에 대해 다시금 생각해 볼 수 있고, 타라북스의 편집자들은 새로운 테마, 예술의 해석을 위한 힌트를 이곳에서 찾는다. 참가자들은 그 자리에서 미지의 문화를 접하고 저자와 직접 대화를 나누기도 한다. 이런 쌍방향 커뮤니케이션으로 어느 순간 새로운 책의 윤곽이 보이기 시작하면 본격 프로젝트를 가동한다.

또 하나는 아이들 대상의 워크숍이다. 책을 읽고 그림을 그리고 만들기를 하는 등, 실제 활동으로 책에 흥미를 갖게 만드는 워크숍이다. 아이들을 대상으로 하는 워크숍은 이미 발간한 책의 이벤트인 경우가 많다. 실제로 아이들의 반응을 볼 수 있기 때문에 타라북스로서도 귀중한 기회다. 1999년에 발간된 <쓰레기를 줍는 아이들>도 워크숍을 거쳐 만든 책이다. <쓰레기를 줍는 아이들>은 거리에서 재활용 쓰레기를 주워 생계를 이어가는 아이들을 주인공으로 인도의 사회 문제, 환경 문제를 알기 쉽게 묘사한 스토리 위주의 책이다. 실제로 길거리 생활을 하는 아이들을 워크숍에 초대했고, 그들과의 대화를 통해 <쓰레기를 줍는 아이들>이 탄생할 수 있었다. <쓰레기를 줍는 아이들>은 초등학교 교과서로도 채택됐으며, 개정판을 낼 때마다 그 당시의 상황을 추가해 지금까지도 판을 거듭하고 있다. 물론 워크숍을 했다고 반드시 책으로 만들어지는 것은 아니다. 하지만 그 속에서 주고받는 대화에 진정한 가치가 숨어 있으니 그것만으로도 충분하지 않을까.

워크숍이라고 하면 어쩐지 '정확하고 빈틈없다'는 느낌이 강하다. 하지만 타라북스의 워크숍은 여느 워크숍과 달리 지극히 인도스럽다고 할 수 있다. 모르는 것이 있으면 격의 없이 묻고 우물가의 쑥덕공론처럼 왁자지껄하다. 다들 일제히 여러 의견을 피력하고 그런 가운데 문득 아이디어가 떠오르기도 한다. 나도 몇 번이나 경험했지만, 인도에서는 인터넷 검색보다 가까이에 있는 몇몇 사람에게 물어보는 쪽이 훨씬 빠르다. 그리고 놀랍게도 매번 그 과정에서 생각지도 못한 발견을 한다.

20년 세월이 남긴 것

＊

타라북스가 창업한 지도 벌써 20년이 넘었다. 기타 울프와 V. 기타, 둘이서 시작한 작은 출판사였지만 이제는 제법 동료도 많이 늘었다. 그럼에도 여전히 작은 출판사이긴 하다.

2016년 말 타라북스를 찾았을 때 놀라운 신입 멤버를 만났다. 어릴 때부터 타라북스를 읽고 자랐다는 그래픽 디자이너였다. 당시 그는 자신이 어릴 때 읽었던 책의 신판 작업을 위해 타라북스에서 북 디자인을 하고 있었다.

타라북스의 20년이 가져온 것을 실제로 목격한 기분이었다. 타라북스는 지난 20년 동안 그리 많은 책을 찍어 내지는 않았다. 하지만 한 권 한 권 올곧게 만든 그 책들은 누군가의 손과 마음에 제대로 전해지고 있었다. 그렇게 뿌려진 씨들은 흠뻑 물을 머금고 햇빛을 받아 쑥쑥 자랐다. 그리고 튼튼한 뿌리를 내리기 시작했다.

앞으로 20년, 타라북스와 책의 미래는 어떤 모습일까?

책의 고향을 찾아

☀

전 세계의 책 애호가, 그림책 애호가를
사로잡은 타라북스의 책은 어떤 사람들의
손에서, 어떤 방식으로 만들어질까?
타라북스의 팬인 북 디자이너가 타라북스의
책이 태어나는 마을을 찾았다.

글: 야하기 다몬

남인도의 첸나이는 예로부터 커다란 무역항이 있어, 무역의 요지로 발전한 대도시다. 또한 문학과 영화의 중심지이자 고전 음악과 고전 무용이 성행했던 문화 예술의 도시이기도 하다. 타라북스는 이 유서 깊은 도시의 남쪽 해안에 위치한 작은 마을 써유반미유르에 자리하고 있다.

마을의 상징인 마룬데어스와라 사원의 탑과 목욕터를 지나 항구로 이어지는 골목길에 접어드니 작은 어시장이 나왔다. 크고 작은 바구니를 머리에 인 어부의 아내들이 물고기를 팔고 있었다.

"물 좋은 생선 있어요."

손님을 부르는 소리를 애써 떨쳐내고 왼쪽으로 발걸음을 돌리자 반듯하게 구획 정리된 조용한 주택가가 나왔다. 가로수 그늘이 시원하게 드리웠다. 사원과 시장의 소란이 여기까지는 미치지 않았다. 미리 준비해 간 지도에 의지해 길을 걷다가 커다란 흰색 건물 앞에 도착했다. 타밀어와 영어로 쓰인 '타라북스'라는 간판에 가슴이 뛰기 시작했다. 외벽의 윗부분은 적갈색 페인트가 칠해져 있었고, 어찌 보면 고양이 같기도, 어찌 보면 소 같기도 한 희한한 생명체의 그림도 그려져 있었다.

1층의 커다란 진열창 너머로 내부를 들여다봤다. 하얀색 나무 선반 위에 알록달록한 그림책이 가득했다. 샌들을 벗고 맨발로 들어섰다. 차가운 돌바닥이 기분 좋았다.

"어서 오세요. 타라북스입니다."

입구에 앉아 있던 경비 아저씨와 계산대에 서 있던 직원이 방긋 웃으며 인사를 건넸다. 기둥과 벽에는 인도 여러 지역의 민속화가 그려져 있었다. 어쩐지 그림책 속으로 들어간 기분이었다. 서점을 그대로 지나쳐 작은 중정으로 나갔다. 시원스레 뚫린 높다란 천장의 벽면에도 커다란 그림이 있었다. 모노톤의 거대한 나무에 빨갛고 노란 새들이 모여 있는 그림이었다. 아무래도 곤드족 화가가 그린 그림 같았다.

바로 옆 전시실에서는 인도 서부 구자라트주의 의례 행사인 '피토라 벽화' 전람회가 개최 중이었다. 색색의 터번을 두른 구자라트주 라트와족 남자들이 땅바닥에 책상다리로 앉아 흰 도화지에 묵묵히 그림을 그리고 있었다. 원색의 물감들에 눈이 부셨다. 그 옆에서, 안경을 쓴 이지적인 분위기의 여성이 붓의 움직임을 지그시 바라보고 있었다. 타라북스의 대표이자 작가, 편집자인 기타 울프 씨였다.

메일로는 몇 번 연락을 주고받았지만 직접 만나는 것은 이번이 처음이었다. 간단히 자기소개를 한 뒤 "타라북스에서 만든 책이 너무 좋아서 일본에서 찾아왔습니다"라고 말했다. 그러자 그는 온화한 미소를 지으며 대답했다.

"멀리서 와 주셔서 정말 기뻐요. 마음껏 둘러보시고, 사진도 원하는 만큼 찍으셔도 됩니다."

산들바람이 오가는 공간

❋

먼저 1층 서점부터 돌아봤다. 갤러리처럼 세련된 분위기의 공간이었다. 그림책부터 시작해 어린이책, 성인용 일반 도서, 사진집, 비주얼북, 교육, 연극 등 다양한 장르의 책이 진열되어 있었다. 타라북스는 실크 스크린으로 찍어 낸 핸드메이드 그림책이 유명하지만 선반에는 오프셋 인쇄로 찍은 책이 더 많았다. 한 권 한 권 다양한 아이디어로 가득 차 있는 책들이었다.

핸드메이드 그림책 코너에는 일본어로도 번역 출판된 <나무들의 밤>, <물 속 생물들>을 비롯해 열 권 정도의 책이 전시되어 있었다. 전 세계에서 주문이 들어오기 때문에 늘 재고가 부족하다고 했다. 몇 권만 남기고 절판된 책도 있는 모양이었다.

서점 한쪽은 작은 이벤트 공간으로 꾸며져 있었다. 원화전이나 워크숍을 부정기로 연다고 했다.

벽면 한쪽에는 '타라북스의 책이 완성되기까지'라는 패널이 늘어서 있었다. 손으로 떠서 종이를 만드는 과정부터 시작해, 그림 작업, 조판, 인쇄, 페이지 모으기, 실로 철하기, 제본 등 책 만드는 과정을 인쇄 견본과 제작 현장 사진으로 이해하기 쉽게 설명하고 있었다. 이 패널을 보면, 책 제작 과정에 대해 잘 모르는 사람이더라도 타라북스가 어떤 방식으로 책을 만들고 있는지 한눈에 알 수 있다.

2층은 응접실 겸 회의실이었다. 낮은 유리 테이블에 나무 뼈대의 빨간색 소파, 관엽 식물, 커다란 책장이 놓여 있었고, 벽에는 그림책의 원화와 아트 프린트가 모자이크처럼 장식되어 있었다. 이곳이 인도라는 것을 잊어버릴 만큼 감각적이고 세련된 인테리어였다.

흰색을 기조로 한 2층 역시 커다란 창이 뚫려 있었다. 창과 높다란 중정 양쪽에서 자연광이 쏟아져 들어왔다. 무척 밝고 바람이 잘 통하는 공간이었다.

시선을 옮기다가 문득 수상한 이니셜을 발견했다. 바닥과 벽에 '→D', '←A', '↑E'라고 쓰여 있었다. 인쇄된 화살표를 따라가니 'E'는 '편집부 Editorial', 'D'는 '디자인부 Design' 등 각각의 부서에 도착했다. 안내 표시가 필요할 정도로 큰 건물은 아니었지만 그 속에 담긴 재치와 여유가 즐겁게 느껴졌다.

'←A' 표시를 따라가 도착한 '경리부 Accounting'는 사방이 유리였다. 늘어선 컴퓨터 앞에서 회계담당 직원들이 전표를 한 손에 쥔 채 사무 일을 하고 있었다. 국내외에서 들어오는 책 주문을 모두 여기에서 담당한다고 했다.

문 근처에서 세계 각국의 국경일 목록을 발견했다. 재밌다 싶어서 카메라를 들이대니 경리 매니저 자민 씨가 설명했다.

"주문이 들어오면 이 목록을 보고 일정을 체크해요. 대략 며칠 정도면 그 나라에 도착할지 확인하는 거죠. 국경일을 끼고 배송이나 결제가 늦어지는 경우도 있으니까요."

때마침 젊은 직원이 안쪽 주방에서 따뜻한 차를 가져왔다. 점심시간에는 주방이나 응접실에 직원들이 모두 모여, 각자 싸 온 도시락이나 근처에서 사 온 음식을 펼쳐 놓고 함께 먹는다고 했다.

2층 창문을 통해 1층의 중정과 전람회 상황을 내려다볼 수 있었다. 공간은 각각의 목적에 따라 나뉘어 있지만 그 구분에 얽매이지 않고 사람들이 오가고 있었다. 마침 그때도 주방 테이블에서 새로운 책을 위한 회의가 한창이었다.

그 사이 라트와족 남자가 2층에 올라와 복도 벽에 그림을 그리고 있었다. 조금 전까지만 해도 중정에 있던 사람이었다. 그가 그리는 그림은 축제처럼 화려한 색채로 묘사한

체이 고향을 찾은

농촌 풍경이었다. 현란한 색깔의 새들은 천장을 향해 날아올랐고, 살쾡이가 새들을 호시탐탐 노리고 있는 그림이었다. 붓은 자유롭고 부드럽게 움직였다. 담쟁이덩굴 잎이 뻗어가듯, 흰 벽에 서서히 이야기가 펼쳐졌다. 이 벽에서 새로운 그림책이 태어날 것 같았다.

3층으로 오르는 나선 계단에는 뱀 그림이 그려져 있었다. 구불구불 기어가는 뱀의 초대에 응하듯 계단을 올라가니 편집부가 있었다.

3층 역시 여유로웠다. 커다란 테이블 위에는 제작 중인 그림책의 가제본과 인쇄 교정지, 매킨토시 컴퓨터가 놓여 있었다. 테이블 건너편으로 젊은 서양인의 모습도 눈에 띄었다. 유럽에서 미술대학에 다니는 학생을 인턴으로 받아, 그들에게 생활과 작업 공간을 제공하면서 일러스트레이션과 북 디자인 작업을 맡긴다고 했다.

인턴들은 편집부 위쪽의 손님방에 머무르고 있었다. 다락방 같은 작은 공간에 침실 두 개와 욕실, 주방이 완비되어 있었다. 몇 개월 머무르기에는 충분해 보였다. 무엇보다 부러웠던 건, 바로 옆에서 타라북스의 작업을 접할 수 있다는 사실이었다.

바닥에 털썩 앉으니 편집부의 높다란 창을 장식한 격자무늬가 눈에 들어왔다. 인도의 전통 문양을 본떠 만든 패치워크 형식의 격자 장식이었다. 그리고 그 너머로 가로수의 이파리가 바람에 흔들리는 게 보였다.

문득 불어온 산들바람에 몸의 긴장이 풀렸다. 책을 만드는 곳은 이런 곳이어야 한다는 생각이 들었다. 도시의 좁고 답답한 빌딩이 아니라.

책이 태어나는 현장

◉

"인쇄 제본 공장에 가 볼래요?"

갑작스런 기타 울프 씨의 제안에 "네! 좋아요!" 흔쾌히 대답했다. 서둘러 계단을 내려가니 회사용 오토릭샤_{오토바이 엔진을 단 삼륜차}가 현관 앞에 주차되어 있었다. 차체가 온통 색색의 그림으로 뒤덮인 오토릭샤였다. <나무들의 밤>을 그린 바주 샴이 타라북스에 머물 때 그려 준 것이라 했다. 전조등은 눈, 사이드미러는 코브라로 변해 있었다. 너무 귀여웠던 나머지 오토릭샤와 나란히 기념사진을 찍고 말았다.

덜컹이는 오토릭샤로 달리길 20분 정도. 우당탕거리는 비포장도로를 얼마쯤 더 달려 페룬구디라는 주택가로 접어들었다.

"10년 전만 해도 이 근처에는 논밖에 없었어요."

안내를 맡은 타라북스의 직원이 운전대를 잡은 채 큰 목소리로 말했다. IT나 부동산 같은 걸로 한몫 잡은 첸나이 부유층들이 최근 들어 이 지역에 모여들면서 신흥 주택지가 만들어졌다고 했다. 경제가 급성장하고 있는 인도 어느 도시에서나 같은 일들이 벌어지고 있다. 논밭을 갈아엎고 우후죽순 집을 지었지만 정작 그 집으로 들어가는 도로는 없는, 농담 같은 이야기가 실제로 벌어지고 있다. 일부 계층을 제외하고는 인도의 가파른 성장을 따라가지 못하고 있는 실정이다.

이 골목 저 골목 꺾어 들어가던 오토릭샤가 끼익 소리를 내며 한 건물 앞에 멈췄다. 3층짜리 아파트 같은 건물로,

겉모습만 봐서는 공장이나 작업장으로 보이지 않았다. 이 끄는 대로 2층으로 올라갔더니 창고처럼 뻥 뚫린 커다란 작업장이 나왔다. 윙윙 돌아가는 천장 선풍기 밑에서 열 명 정도의 젊은 인쇄공들이 민첩하게 몸을 놀리고 있었다. 창 쪽으로 총 네 개의 인쇄 작업대가 놓여 있었다. 그 앞에 선 인쇄공들은 나무로 만든 스크린 판에 잉크를 올린 후 양손에 스퀴즈를 단단히 쥐고 몸 안쪽으로 긁어내렸다. 강하면서도 유연한 등줄기의 움직임이 아름다웠다. 10대 후반부터 20대 정도 되는 청년들로, 다들 움직임이 날렵했다.

인쇄 부서는 3인 1조의 분업 체제로 움직였다. 인쇄하는 사람, 인쇄된 종이를 재빠르게 빼 주는 사람, 인쇄된 종이를 건조 선반에 올려 정리하는 사람이 한 팀으로 작업을 진행했다. 젊은 신입이 종이를 빼고 베테랑 인쇄공이 잉크를 묻혀 찍겠거니 싶었지만 나이의 많고 적음에 상관없이 서로 교대하며 일했다. 인쇄 제본 매니저인 마니 씨가 경쾌한 어조로 그 이유를 설명했다.

"다들 이 일 저 일 두루두루 하고 있어요. 모든 공정을 할 줄 알아야 제대로 된 장인이 될 수 있기 때문이죠. 내도록 같은 작업만 하다 보면 지루해서 졸리기도 하고 말이죠."

수십 페이지 분량을 총천연색으로 단숨에 찍어 내는 오프셋 인쇄와 달리, 실크 스크린 인쇄는 한 페이지씩, 그리고 한 색깔씩 찍고 말리는 과정을 반복해야 한다. 예를 들어 다색인쇄로 찍어 낸 <나무들의 밤>은 책 한 권당 찍고 말리는 작업을 여든두 번이나 반복했다고 한다. 상상만으로도 머리가 지끈해지는 작업이다.

"한번 해 보실래요?"

갑작스레 스퀴즈를 건네받았다. 긴장한 손길로 스퀴즈를 쥐고 눈대중으로 한 장 찍어 봤다. 당연한 결과겠지만 제대로 찍지 못했다.

타라북스는 핸드메이드 그림책을 만들 때 거의 대부분 손으로 떠서 만든 종이를 쓴다. 일본이나 한국에서는 초지틀을 전후좌우로 흔들어 종이를 뜨는 '흘림뜨기' 방식을 쓰지만 인도에서는 원료를 침전시켜서 뜨는 '가둠뜨기' 방식을 쓴다. 그래서 종이의 두께가 균일하지 않고 요철도 심하다. 스퀴즈를 누르는 힘이 약하면 요철 사이에 잉크가 충분히 들어가지 않아 잔금이 생기고, 반대로 힘이 너무 세면 그림의 섬세함을 망가트리고 만다.

"3개월 정도만 해 보면 누구든 할 수 있어요."

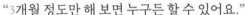

그들은 쉽게 말했지만, 설령 방법을 알더라도 안정된 솜씨로 제대로 찍어 내기 위해서는 상당한 경험을 축적해야 할 것 같았다.

인도의 실크 스크린 인쇄소와 10년 전부터 일해 온 나로서는 인쇄 품질을 일정한 수준으로 유지하는 게 얼마나 어려운 일인지 뼈저리게 잘 알고 있다. 스크린 그물망은 금세 막히고 잉크는 튀기 일쑤다. 기름때가 배어 종이가 더러워지기도 하고, 종이 사이즈를 잘못 자르기도 하고, 그림 방향이 한쪽으로 쏠리는 일이 일상다반사로 벌어진다. 5백 부 찍어 3백 부 쓸 수 있으면 괜찮을 정도다.

타라북스에서도 예전에는 인쇄 파본 비율이 제법 컸다. 그러나 매년 인쇄 실수의 비율을 줄여 갔고 현재는 전체의 2~5퍼센트 내외로 인쇄 실수를 줄였다고 했다. 20년 넘는 세월동안 제대로 된 장인을 키워 온 결과겠지만, 인도인의 느슨한 성격을 생각했을 때 2~5퍼센트라는 숫자는 경이로울 정도다.

타라북스는 인쇄 상태를 몇 번이고 체크한다. 인쇄하고 제본하고 내보내는 매 공정마다 반복해서 인쇄 상태를 확인한다. 미세한 인쇄 실수나 약간의 오염만 있어도 파지로 빼낸다. 이런 종이는 시험 인쇄용으로 쓰는데, 여러 그림이 겹쳐 찍히면서 콜라주 작품 같은 효과가 나기도 한다. 타라북스는 이것을 표지로 활용해 핸드메이드 수첩을 만든다. 둥그스름한 귀퉁이에 안쪽으로는 종이 포켓이 붙어 있고 고무 밴드를 돌려 고정할 수 있는 손바닥만 한 수첩이다. 이탈리아의 명품 다이어리 '몰스킨'을 연상시키는 이 수첩에는 '플루크 북 Fluke Book'이라는 이름을 붙였다.

'플루크'란 우연, 요행이라는 뜻이다. 그야말로 우연의 산물로 태어난, 세상에 단 하나뿐인 수첩이다.

타라북스는 플루크 북의 수익금으로 인쇄 전문가를 육성하고 경제적으로 지원하고 있다. 인쇄 실수한 종이를 단순히 재활용한 것이라고 볼 수도 있지만, 인쇄 실수의 양과 장인 육성의 필요성은 비례하기 때문에 고개를 끄덕이게 하는 실로 합리적인 아이디어라고 할 수 있다.

새로운 기계와 노련한 기술자

인쇄와 건조가 끝난 종이는 한 다발씩 정리해 아래층으로 옮긴다. 1층은 제본과 포장을 하는 공간이다.

공간 한쪽으로 종이상자가 빽빽하게 들어차 있었다. 제본

과 포장을 위한 재료와 완성한 책으로 가득한 종이상자였다. 직원들은 상자 사이 바닥에 앉아 묵묵히 일하고 있었다. 인쇄부에 비해 평균 연령이 훨씬 높았고 여성 중심으로 운영하는 작업장인 모양이었다.

천장부터 작업대까지 기다란 마끈이 매달려 있었다. 책을 철할 때 쓰는 끈이라고 했다. 그 끈을 대바늘뜨기 할 때의 대바늘처럼 사용하는데, 페이지 순으로 간추린 종이 다발에 마끈을 대고 그 끈을 축으로 삼아 실로 엮어 철하는 모양이었다.

내가 찾았던 날은 플루크 북을 제본하는 날로, 인쇄 파지를 잘라 하드보드지에 붙여 표지를 만드는 작업이 한창이었다.

"최근 새 기계를 들여왔어요. 바로 저겁니다."

매니저 마니 씨가 작업장 한쪽에 자리 잡은 커다란 기계를 가리켰다. 전원을 넣으니 둔탁한 구동음이 들려왔다. 데워진 탱크에서 공업용 풀 냄새가 물씬 풍겼다.

마니 씨는 직접 시연을 해 보이는 판매사원 같은 몸놀림으로 표지를 배치한 다음 롤러에 통과시켰다. 롤러를 통과하며 표지와 하드보드지가 자동 접착되어 풀 작업이 완료되어야 정상이지만 거창한 기계음과 반대로 종이는 전혀 붙지 않았다.

"이상하네."

공구를 꺼내 롤러와 트레이를 소정하고 다시금 시도했다. 그러나 기계는 헛바닥을 내밀 듯 종이를 뱉어내기만 했다. 표지와 하드보드지는 여전히 따로 놀았다. 마니 씨는 공구를 쥔 채 땀을 뻘뻘 흘렸다. 근처에 있던 노장 제본공이 우

리 쪽으로 슬쩍 눈길을 던졌다. 그리고 곧 아무 일 없었다
는 듯 표지의 풀 작업을 계속했다. 울퉁불퉁 거친 손에 빨
판이라도 달린 듯, 빠른 속도로 종이를 정리하며 물 흐르
듯 순조롭게 표지를 만들었다. 베누고팔이라는 이름의 그
는 이 길만 50년간 걸은 베테랑이다. 기계 따위에 져서 되
겠어? 자신만만, 의기양양한 얼굴이었다.

타라북스는 모든 공정을 수작업으로 해야 한다며 집착하
지 않는다. 기계로 할 수 있는 일은 기계로 하고, 사람 손이
나은 일은 사람 손으로 한다. 현장은 늘 그때그때 자신이
할 수 있는 최선의 방법을 찾고, 시행착오를 거듭하며 시
스템을 갖춰 나간다.

"표지 작업은 기계보다 사람 손이 더 빨라요. 결과물도 더
좋고요. 왜 그런지는 모르겠지만요."

출하 작업을 하며 모든 상황을 지켜보던 마하라타슈미 씨
가 웃으며 말했다.

"그렇네요."

그 말에 맞장구치며 작업 중인 그의 곁에 앉았다. 잠시 일을 돕기로 했다. <고양이가 좋아 I like cats>의 카드 상자에 지름 3센티미터 정도 되는 스티커를 붙이는 작업이었다. 얼핏 봐서는 단조롭고 지루할 것 같았지만 막상 해 보니 의외로 보람 있었다.

카드는 타라북스의 젊은 인쇄공들이 정성 들여 찍어 낸 것들이었다. 포장을 끝내면 유럽과 아시아 각국으로 수출할 예정이었다. 먼 나라의 어느 서점에 진열될 테고, 누군가의 시선이 머무를 테고, 결코 싸지 않은 금액으로 팔려 나갈 테고, 누군가의 친구에게 편지로 날아갈 수도, 누군가의 방을 장식할 수도 있다는 생각을 하니 정신이 번쩍 들었다. 스티커 한 장이라도 소홀해서는 안 되는 거였다.

몇 년 전, 남인도 벵갈루루의 스크린 인쇄소에서 엽서를 만들던 때가 생각났다. 아무리 주의를 줘도 얼렁뚱땅 일하는 젊은 인쇄공이 있었다. 이런저런 고민 끝에 '메이드 인 인디아'라는 문자와 인쇄소 이름을 엽서에 넣기로 했다.

"메이드 인 인디아?"

그걸 본 인쇄공은 꽤나 놀란 표정이었다. 아마 지금까지 그 인쇄공은 본인이 하는 일을 그저 지루한 일이라고만 생각했을 것이다. 눈앞에 산처럼 쌓인 종이더미에 잉크를 발라 인쇄하는 단순 노동. 그러나 그때 처음으로 깨달았던 모양이다. 자신의 나라 인도와 회사의 이름을 내걸고 바다 건너 어딘가에서 팔릴 물건을 만든다는 사실을 말이다. 그 뒤로 벵갈루루 인쇄소의 결과물이 변했다. 모두들 신중하게 스퀴즈를 움직였고 스크린 그물망이 잉크로 막히면 꼼꼼히 제거한 뒤 인쇄하게 됐으니 말이다.

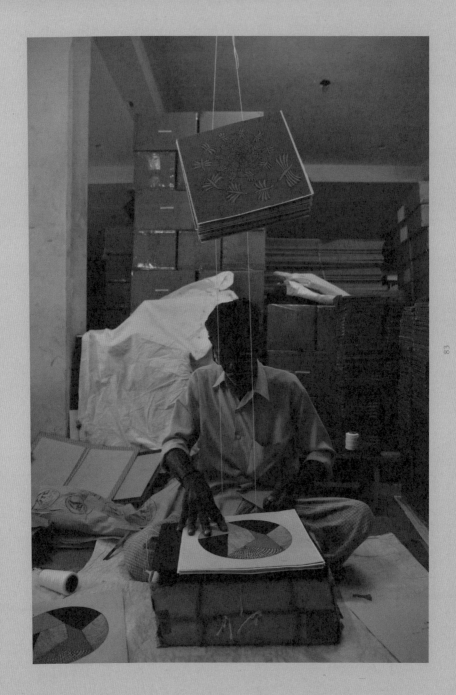

몸의 움직임이 동일하다 해도 마음의 내용물은 전혀 다르다. 타라북스가 인쇄 실수를 줄일 수 있었던 이유에 대해 마니 씨는 이렇게 말했다.

"물론 기술이 진보한 면도 있죠. 하지만 인쇄 실수가 줄어든 가장 큰 계기는 인쇄공 스스로가 자신의 일에 자부심을 갖게 되면서부터였어요."

만드는 이 스스로 마음을 바꿔야만 그 일을 즐길 수 있다. 아무리 사소한 일이더라도 그렇다. 구매자가 자기 물건을 어떻게 바라볼지 상상해 보지 않고 만든 물건은 결코 그들의 마음을 움직일 수가 없다.

그 작업장에서는 인쇄와 제본 부서를 합쳐 스무 명 넘는 사람들이 일하고 있었다. 그들을 총동원해도 그림책 3천 부를 만드는 데 3개월이 걸린다고 한다.

"세계 각국에서 주문이 밀려들기 때문에 인쇄가 주문을 따라가지 못하고 있는 상황입니다. 하지만 그렇다고 간단히 인원을 늘릴 수도 없을뿐더러 늘려서도 안 됩니다. 만약 여기서 인원을 더 늘리면 우리의 그림책은 전혀 다른 것이 되고 말아요. 이 규모가 우리 방식에 최적화된 형태입니다."

'작은 출판사로 존재한다'는 것은 타라북스가 의식적으로 내걸고 있는 회사 이념이다. 그런데 이런 사상이 현장의 사람들에게까지 제대로 전파되어 있다는 사실이 놀라웠다. 성장과 성공만을 외치는 지금의 인도 사회에서 보자면, 작은 규모를 고집한다는 것은 아름다운 책을 지속적으로 만들어 내는 일보다 훨씬 더 어렵다.

한 지붕 아래서 책을 만들다

오후 1시, 작업장에서 하나둘 직원들의 모습이 사라지기 시작했다. 점심시간인 모양이었다. 독신 직원들은 작업장 바로 옆에 있는 건물에서 공동생활을 하고 있었다. 따라가 보니, 10평쯤 되는 공간에 나란히 앉아 TV를 보고 있었다. 대가족이 모여 사는 집에 불쑥 초대받은 기분이었다. 함께 밥을 먹어도 되겠냐고 물어봤다.

"물론이죠! 같이 먹어요!"

그들의 열렬한 환영에 얼른 손을 씻은 뒤, 그들과 같은 알루미늄 접시를 바닥에 내려놓고 식사를 기다렸다. 청소와 식사 준비는 당번제로 하는데, 모두들 공평하게 분담한다고 했다.

커다란 냄비를 든 젊은 인쇄공이 밥과 반찬을 덜어 주었다. 산처럼 수북하게 푼 흰밥에 콩과 채소를 넣고 걸쭉하게 끓인 스프, 삼발을 듬뿍 부어 줬다. 노동자의 식사라는 게 있다면 바로 이런 것이지 않을까 싶은 모양에 맛은 소박하면서도 부드러웠다. 연신 맛있다며 양 볼 가득 우걱우걱 밥을 먹던 나를 보더니 나이 지긋한 모한 씨가 한숨을 내쉬며 말했다.

"하필이면 오늘 같이 젊은 친구가 식사 당번인 날에 오다니! 주말에 오면 비리야니를 먹을 수 있는데 안타깝네요."

비리야니는 인도식 볶음밥으로 잔치나 기념일 같은 특별한 날 커다란 냄비로 만들어 먹는 특별 요리다. 다들 비리야니를 만들어 먹는 날을 손꼽아 기다리는 모양이었다.

세 그릇째의 밥은 정중히 사양하고 내가 쓴 접시를 설거지

한 후 부엌을 둘러봤다. 작은 싱크대 하나에 조촐하고 아담한 가스레인지가 하나. 그 앞에서 오늘의 식사 당번이 반찬 하나를 더 만들고 있었다. 조금 전에 반찬 투정을 했던 모한 씨를 위한 반찬인 모양이었다. 모한 씨는 식사 당번 옆에서 냄비 속 음식의 간을 보고 있었다. 오케이 사인이 떨어지자마자 오늘의 식사 당번은 새로 한 반찬을 모한 씨의 흰밥 위에 듬뿍 끼얹었다. 모한 씨는 그 자리에 선 채로 먹기 시작했다. 정말 집에서 보는 풍경 같았다.

사택이라고는 하지만 각자의 방이 있는 것은 아니다. 최소한의 소지품을 정리할 수 있는, 코인로커 두 개 넓이의 선반 외에는 개인 공간이 거의 없다. 밤이 되면 밥을 먹던 그 자리에 이불을 깔고 이리저리 뒤섞여서 잔다. 더운 계절에는 밖에 돗자리를 펴고 잘 때도 있다고 했다.

숙소 뒤편으로 나가면 바로 옆 작업장과 연결되는 통로가 있다. 통로에는 수도꼭지가 늘어서 있었다. 빨래, 샤워, 양치질 같은 것들은 아침 출근 전 그곳에서 끝낸다.

"공동생활이 즐거워 보이기는 하지만, 그래도 내 방이 없다는 게 아쉽지는 않느냐?"고 물어봤다. 그러자 "말도 안 되는 소리"라며 다들 고개를 가로저었다.

"일을 할 수 있다는 것만으로도 고맙죠. 게다가 첸나이 같은 대도시에서 식사와 잠자리까지 제공해 준다는 건, 정말 대단한 거예요."

만약 불만사항이 있다면 한 달에 한 번 있는 전체 미팅에서 이야기할 수 있다. 아무리 어린 인쇄공의 의견이더라도 진지하게 검토한다고 했다.

"저기요" 하더니 젊은 인쇄공이 내 손을 잡고 어딘가로 데

려갔다.

"보여 주고 싶은 게 있어요."

작업장 계단을 올라 도착한 곳은 옥상이었다. 주변에 높은 빌딩이 별로 없었기 때문에 전망이 좋았다. 가정집 지붕들, 물탱크, 야자나무, 그 사이사이로 알록달록한 빨래가 길게 매달려 있었다.

"여기가 우리 체육관이에요!"

옥상 한쪽에 콘크리트와 돌판으로 만든 이상한 모양의 벤치가 있었고 그 위에 돌로 된 역기가 놓여 있었다. 무거워 보이는 역기였다. 함께 옥상에 올라온 젊은이들은 제각기 좋아하는 곳으로 흩어지더니 거기서 어떤 운동을 하는지 보여 줬다. 최근 들어 인도의 도시 쪽에서 헬스클럽이 유행하고 있는 모양이었다. 어느 날인가 직원들이 헬스클럽에 가고 싶다는 말을 했는데, 출판 매니저이자 인쇄 제본 부서 책임자인 아루무감 씨가 '옥상에 운동 공간을 만들자'는 제안을 했다고 한다. 도시의 멋들어진 헬스클럽과는 다르지만 핸드메이드 느낌이 물씬 나는 '우리들의 체육관'이 완성되자 다들 진심으로 기뻐했다.

일을 끝낸 뒤 옥상 체육관에 올라가 땀을 흘리고 바람을 쐬고 스마트폰으로 셀카를 찍고 동료들과 실없는 농담을 나누고. 그러다 가끔은 근처 집에서 풍겨오는 저녁밥 냄새에 고향을 떠올리는 일도 있었을 것이다. 그런 청춘의 풍경을 상상하자 갑자기 코끝이 찡해졌다. 인쇄공이건 시골에서 상경해 온 또래 대학생이건 갖고 싶은 것들이나 관심사는 크게 다르지 않기 마련이다.

"대체로 같은 마을, 같은 고향 출신이에요. 그래서 다들 가족처럼 지내고요. 만약 누가 결혼을 하더라도 너무 멀리 이사 가지는 않았으면 좋겠어요."

가정이 있는 직원은 타라북스가 별도로 마련한 개별 주택에 살며 일할 수 있다. 명절이면 모두 모여 축하하고 고향으로 돌아갈 때에는 교통비도 지급한다. 기술자의 임금과 지위가 낮고 차별받는 경우가 많은 인도에서는 믿기 어려울 만큼 좋은 대우다. 일과 삶의 균형을 뜻하는 '워크 라이프 밸런스 work-life balance'라는 말만으로는 모두 표현할 수 없는, 사람의 온기가 느껴지는 배려다.

사택 한편에는 조그만 장식 선반이 있다. 인도 신의 그림, 달력과 함께 가사일의 당번표가 붙여져 있는 선반이다. 그리고 그 옆으로 카드가 끼워진 액자가 놓여 있었다. 자세히 보니 아루무감 씨의 결혼식 초대장이었다. 일시는 2000년. 의아한 얼굴로 바라보고 있자니 중견의 인쇄공이 다가와서는 추억에 잠기듯 액자를 들어올렸다.

"정말 경사스러운 날이었어. 다들 기뻐서 어쩔 줄 몰랐지. 그럴 수밖에 없는 게, 아루무감 씨의 결혼식이었으니까!"

작은 액자 안에 현장 사람들과 아루무감 씨의 관계가 단단히 응축되어 있는 것 같았다. 어쩐지 나도 모르게 코끝이 시큰해졌다.

핸드메이드 종이를 찾아서

<나무들의 밤>의 본문 용지는 독특하다. 칠흑 같은 어둠 속에 떠오르는 화려한 색의 나무, 그 대비가 이 책의 매력

중 하나다. 종이는 새까만 색이지만 그렇다고 답답할 만큼 너무 진하지도 않고, 촉감은 폭신폭신한데 그러면서도 강인함을 느낄 수 있다. 일본에서는 만나 본 적 없는 종류의 질감이다.

그 종이를 만드는 공장을 직접 볼 수 있다는 소리를 듣고 인도 내륙부의 에로드로 이동했다. 에로드는 첸나이에서 남서쪽으로 420킬로미터 떨어진 도시로, 그곳 어딘가에 타라북스의 종이가 태어나는 고향이 있다고 했다.

에로드는 예로부터 방직으로 유명한 도시다. 의류, 수건, 러그 등 직물 제품을 만드는 공장이 즐비하고 에로드에서 만든 제품은 해외로도 수출하고 있다. 또한 제지업도 발달했는데, 연간 40만 톤의 종이 생산량을 자랑하는 남인도 최대의 제지회사 TNPL, 주정부가 지원하는 SPB 등 대규모 제지 공장도 있다. 에로드 동쪽으로는 남인도의 대동맥이라고 일컫는 코베리강이 흐르고 있다. 아마도 이 물줄기를 중심으로 방직과 제지 산업이 발달할 수 있었을 것이다.

내 목적지인 '조티 스페셜리티 페이퍼스'라는 제지 공장은 코베리강 동쪽의 주택지를 지나 한참이나 안쪽으로 들어간 곳에 있다. 공장 옆으로는 실개천이 흐르고 붉은 흙의 들판에 눈이 부셨다. 첸나이보다 기온이 높고 건조한 지역인 것 같았다. 공장의 흰색 문 앞에 알록달록한 체크 셔츠를 입은 남자가 서 있었다.

"어서 오세요! 기다리고 있었습니다. 먼 곳까지 오시느라 수고하셨습니다."

올해 마흔여섯인 공장장 P. 마니 씨는 벗겨지기 시작한 머

리에 둥근 안경을 썼고 이마에는 힌두교를 상징하는 붉은
색 안료를 단정하게 찍고 있었다. 말투는 부드럽고 정중했
다. 근면 성실한 타밀족 사람의 전형적인 풍모가 느껴지는
첫인상이었다.

안내 받은 사무실에서 잠시 쉬고 있으니 마니 씨가 마실
것과 과일을 내왔다.

"모양은 볼품없어도 근처 농가에서 딴 과일입니다."

껍질이 얇고 새콤달콤한 포도가 마른 목을 촉촉이 적셨다.
알고 보니 그날 마니 씨 부부에게는 다른 일정이 있었다.
공장에서 제법 멀리 떨어진 사원에 가야 할 일이 있었지만
외국에서 온 방문객이 공장을 찾는다는 소식을 듣고 일정
을 변경한 모양이었다.

"국내에서야 가끔 있었지만, 외국에서 우리 공장을 견학
하러 온 분은 처음이에요. 궁금하신 점에 제가 제대로 대
답해 드려야 할 텐데 말이죠."

마니 씨는 손수건으로 땀을 훔치며 종이제품 견본 몇 개를
보여 줬다. 자회사의 종이로 만든 종이가방, 편지지 세트,
공책 같은 것이었다. 손으로 떠서 만든 종이의 맛이 느껴
지는 아름다운 제품이었다.

마니 씨는 1990년대에 맨손으로 이 공장을 설립했다. 이
공장에서 30킬로미터 떨어진 시골 깡촌에서 태어난 그는
대학을 졸업한 뒤 마하라슈트라주 푸네에 있던 직업훈련
소에 들어가 종이 만들기를 배웠다.

"제 고향에는 농사를 그만두는 집이 많습니다. 제가 어렸
을 때부터 그랬으니까 벌써 한참 전부터 그런 상황이었죠.
농사 말고 뭔가 새로운 기술을 익혀 일을 할 수밖에 없었

습니다."

그러나 전통 종이에 대한 수요는 지금보다 그때가 더 적었다. 기계로 만든 종이보다 몇 배는 더 비싼 종이를 쓰겠다는 인쇄소는 없었다. 흥미를 보이는 사람도 그리 많지 않았다. 직업훈련소에서 같이 일을 배웠지만 장사가 되지 않아 폐업한 동료들도 많았다.

"종이를 만들고 싶다는 마음을 꾹 누르고, 첫 5년 동안은 종이 도매업을 했습니다. 그러면서 장사 경험을 쌓았지요."

마니 씨는 인맥과 판로를 착실하게 개척해 갔다. 그리고 어느 정도 사업 전망이 잡힌 1996년, 네 명의 동료와 함께 제지 공장을 시작했다. 많은 일을 경험했지만 당시 나이 고작 스물여섯이었다. 지금 면적의 10분의 1도 되지 않는 공장에서 명함, 카드, 상품용 태그 등에 쓰이는 종이를 만들어 팔았다. 그로부터 20년, 하나둘 기술자가 늘고 공장은 조금씩 커졌다. 현재는 열여덟부터 예순다섯의 나이까지, 스무 명 남짓한 직원과 함께하고 있으며, 공장에서 만든 종이를 수출까지 하고 있다.

"타라북스와 거래한 지 그리 오래되지는 않았지만, 정말이지 좋은 관계를 맺고 있어요. 타라북스는 종이를 만드는 과정에 발생한 문제를 함께 고민해 주는 출판사입니다. 대금 지불 면에서도, 최대한 우리 쪽 부담이 덜하도록 배려해 주는 출판사지요. 이렇게 직접 현장까지 찾아오는 거래처는 그리 흔치 않아요."

폐직물로 만드는 종이

⁂

제지 공장이라고는 하나 넓이는 초등학교 체육관 정도로, 그리 크지 않은 규모였다. 공간 구조도 단순했고 벽으로 막힌 곳이 적었기 때문에 바람도 잘 통했다. 들어서자마자 펄프와 풀 냄새가 났고 건조 중인 종이가 도처에 매달려 있었다. 일단은 가장 안쪽의 원재료 창고부터 둘러봤다. 창고는 먼지투성이에 어두웠고 빵빵한 마대가 산처럼 쌓여 있었다.

"이게 전부 다 종이 원료입니다. 면으로 된 폐직물들이지요."

에로드와 티루푸르에 산재한 방직공장에서는 폐직물이 매일 산처럼 쏟아져 나온다. 그것을 싸게 사서 종이 원료로 재활용한다는 것이었다. 폐지를 들여오는 경우도 있지만 폐직물이 더 저렴한 데다가 질도 더 좋다고 했다.

아시아 등 식물자원이 풍부한 지역에서는 나무나 식물의 섬유를, 유럽이나 중동 지역 등 식물자원이 부족한 지역에서는 면섬유를 종이의 원료로 삼는 일이 많다. 어떤 재료를 사용해 어떤 방식으로 종이를 만드는가 하는 종이의 역사는 지역의 풍토와 밀접히 관련되어 있다.

창고 바로 옆 방에는 어마어마한 기계가 설치되어 있었다. 폐직물과 헌옷에 섞여 있는 금속, 태그, 플라스틱류를 분리하고, 천을 잘고 균일하게 분쇄하기 위한 기계다. 시험 삼아 폐직물을 한 다발 던져 넣고 전원을 눌러 봤다. 그러자 굉음과 함께 톱밥 상태로 변한 직물이 배출구에서 쏟아졌다.

보통은 이 단계에서 화학약품을 투입해 종이 원료를 표백한다. 그런 다음 새롭게 착색하는 경우가 많다. 하지만 이 공장에서 만드는 종이는 화학약품을 일절 사용하지 않는 '케미컬 프리' 제품이다. 사전에 폐직물을 색깔별로 분류해 놓고 원하는 종이 색상에 맞춰 원재료를 준비하는 방식으로 종이를 만든다. <나무들의 밤>을 예로 들자면, 본문의 검은색 종이는 검은색 폐직물만으로 만든 것이다.

"이미 염색되어 있는 것을 탈색하고, 거기에 다시 색을 입히는 건 여러모로 아까운 일입니다. 게다가 표백제는 환경에 좋지도 않고요."

가끔은 펄프에 염료를 섞거나 표면을 잉크로 물들이기도 한다. 그러나 원재료에 색이 있는 것은 가능한 그 색을 되살려 종이를 만든다. 무척 자연스런 발상이기는 하나 이 방식을 쓰면 종이 색깔을 미세하게 조정하기 힘들다. 그러므로 거래처에서 이해해 주지 않으면 아예 진행할 수 없는 방식이다.

"목재 펄프가 아니라 백 퍼센트 면섬유만을 사용하는 것. 표백이나 품질 조정을 위해 약품을 쓰지 않는다는 것. 그것이 우리 종이의 강점입니다."

분쇄된 폐직물은 물과 함께 네 시간 동안 기계로 두드린다. 그런 다음 대형 롤러가 부착된 기계에 넣어 곤죽이 될 때까지 휘젓는다.

이 공장에서는 종이를 만들 때 코베리 강물이 아니라 지하수를 퍼 올려서 쓴다. 기계 옆에 지름 5미터 정도 되는 우물이 두 개 있는데, 일주일에 한 번 대량으로 물을 퍼 올려 쓰고, 다 쓴 물은 여과해 다시 쓴다. 화학약품 사용을 최소

화하기 때문에 제지 공장 특유의 나쁜 냄새도 거의 나지 않았다.

안타깝게도 이날은 손으로 종이를 뜨는 초지 일이 없는 날이라 제지 공정을 직접 볼 수는 없었다. 적어도 종이 뜨는 도구들이라도 보고 싶었지만, 마대와 종이가 산처럼 쌓여 있었기 때문에 전모를 파악하기에는 어려운 상황이었다.

"우리 공장은 주문제작 방식으로 종이를 만듭니다. 주문이 없으면 종이뜨기 팀이 돌아가지 않지요."

손으로 떠서 만드는 종이는, 근처 마을에 사는 종이뜨기 전문가와 함께 한 달에 한 번, 한꺼번에 만든다. 전체 생산량에서 보자면 기계와 수작업은 반반 정도다. 마니 씨 입장에서는 수작업 종이의 양을 더 늘리고 싶지만 힘든 일이기 때문에 젊은 직원들이 꺼리고 경험이 있는 직원도 많지 않다. 그러니 갑작스레 생산량을 늘리기도 어려운 실정이었다.

기계로 만드는 종이는 곤죽 상태의 원재료가 파이프를 통

해 옆방의 제지 기계까지 흘러가기 때문에 일도 훨씬 수월하다. 제지 기계는 지름 8미터 정도로, 생각보다 그리 크지 않은 사이즈였다. 원재료를 태운 컨베이어 벨트가 천천히 돌아가고 있었고 완성된 종이가 배출되는 것도 그 속도만큼 느릿했다. 기계 앞에 서서 종이를 정리하는 직원의 몸놀림도 무척이나 느긋했다.

건조 부서에서도 건조기 같은 기계를 쓰지 않았다. 천장에 걸린 장대에 종이를 세탁물처럼 널어놓고 바람으로 자연건조한다. 건조 중인 종이가 위벽의 주름처럼 끝없이 이어져 있었다. 그 풍경을 보고 있자니 어쩐지 거대한 생명체의 뱃속에 들어가 있는 기분이었다.

다 마른 종이는 얇은 금속판 사이에 집어넣어 롤러를 통과시킨다. 이렇게 평평하게 펴 주면 종이를 만드는 모든 공정이 끝난다. 주문량에 따라 다르기는 하지만, 대략 열흘에서 보름 정도면 주문 받은 종이를 내보낼 수 있다.

자동 제지 기계 옆으로는 인도 전통의상 사리를 입은 아주머니들이 둘러앉아 종이를 동그랗게 구기고 있었다. 습기가 있을 때 이렇게 구겼다가 펼쳐 말리면 엠보싱 효과가 나는 폭신한 종이를 만들 수 있다고 했다.

종이에 색을 입히는 것도 한 번에 한 장씩, 전부 수작업으로 진행했다. 종이를 펼친 후, 염료를 적신 누더기 뭉치로 두드려 힘있게 색을 입혔다. 맨손이 염료 범벅이 돼도 걱정할 필요가 없다고 했다. 대두나 식물로 만든 잉크를 쓰기 때문이다.

그날 견학한 것이 자동 종이뜨기 방식이었음에도 불구하고 대부분의 공정에 사람 손이 들어가지 않는 곳이 없었다. 어쩐지 이 또한 인도답다는 생각이 들었다.

일하는 공간에 진짜 필요한 것

그러나 이렇게 느긋한 방식으로 일해도 괜찮은 걸까? 수다를 떨며 종이를 뭉치던 아주머니들 쪽에서 웃음소리가 터져 나왔다. 언뜻 보면 빨래터에서 수다 삼매경에 빠진 동네 아낙들 같았다. 그들이 작업 속도를 조금만 더 올리면 생산 효율을 훨씬 더 높일 수 있을 것 같았다. 잠시 고민하다가 눈 딱 감고 그에 대해 질문했다. 그러자 마니 씨는 이런 답을 들려주었다.

"물론 그들을 기계처럼 사용할 수도 있어요. 합리성이나 시간의 대가라는 측면에서 말이죠. 그렇게 하고 싶다면 인간 대신 기계를 쓰면 됩니다. 하지만 인간의 손으로 종이를 만든다는 것은 그런 것이 아니지요. 이만큼의 인원, 이만큼의 속도로도 충분합니다. 다들 편히 낮잠을 잘 수 있는 그런 환경이어야만 하는 거지요."

공장 사람들은 전부 같은 마을 출신이다. 대부분 농사를 짓던 사람들로 농가의 안주인이나 그 자녀들이 이곳에서 종이를 만든다. 농사가 얼마나 힘든지 잘 알고 있기에 적어도 농사보다는 덜 힘든 노동 환경을 만들고 싶어 하는 마니 씨의 진심을 그대로 느낄 수 있었다.

"한 달에 한 번씩 공장 뒤뜰에서 파티를 합니다. 직원의 가족까지 전부 모여 비리야니를 만들어 먹지요. 직원들이 다들 친척처럼 지내기 때문에 그 시간이 얼마나 즐거운지 몰라요."

공장 안을 걷는데 구수한 냄새가 훅 풍겼다. 냄새를 따라가니 간소한 우사가 눈앞에 나타났다. 우사 안을 들여다보니 젖소와 송아지가 볏짚을 먹고 있었다. 도대체 제지 공장에 왜 우사가 있는 걸까? 당황하고 있으니 당연하다는 말투로 마니 씨가 말했다.

"공장이니까 소가 더 필요합니다. 우유를 짜서 직원들과 마셔야 하거든요. 휴식 시간에 마시는 차이도 이 소의 젖을 짜서 끓인 겁니다."

인도만의 이런 감각은 종이 만드는 데도 그대로 이어져, 닭장의 철망으로 엠보싱 가공을 하기도 하고 볏짚을 섞어 종이를 만들기도 한다. 농가 출신이 아니었다면 태어나지 않았을 발상이라는 생각이 들었다.

세계 유수의 농업국이었던 인도는 세계적인 기업농 시스

템, 무분별한 농약의 유입, 이상기온에 의한 작황 부진, 무
계획적인 은행 대출로 인한 빈곤, 도시와 지방의 격차 등
몇 가지 원인들로 인해 농업을 유지하기 힘든 사회가 되고
있다. 한 통계에 따르면, 1991년부터 10년 동안 8백만 농
가가 농사를 포기했다고 한다. 논과 밭을 버리고 도시로
이주해 건설 현장이나 위험한 업종에서 일하는 지방 출신
노동자의 수도 상당히 많다.

그런 배경을 생각해 보면, 원래 농사를 짓던 사람들이 자
신들의 손으로 종이를 만든다는 행위는 '핸드메이드로 양
질의 제품을 만든다'는 것 이상의 의미가 있어 보인다.

일본과 다른 나라에서도 그렇듯 인도에서도 종이 만들기
는 사양산업이다. 예전에는 에로드 주변으로 다수의 제지
공장이 있었다. 그러나 지금은 대기업이 경영하는 대형 공
장만을 남기고 전부 쓰러지고 말았다. 가격으로 경쟁한다
면 인도의 대기업이나 중국의 제지 공장과는 도저히 상대
가 되지 않는다.

종이 만들기에 과연 미래가 있을까? 견학이 끝날 무렵, 새
삼 진지하게 그에게 물었다. 그러나 그의 눈빛에는 흔들림
이 없었고 목소리에는 자신감이 넘쳤다.

"미래는 밝습니다. 수제 종이의 수요는 앞으로 더 늘어날
겁니다. 20년 전만 해도 인도에는 유기농 식자재를 파는
가게가 거의 없었습니다. 그런데 지금은 마을 슈퍼에서도
유기농 채소와 콩, 향신료를 팝니다. 사람들이 그 가치를
알게 됐기 때문이지요. 손으로 떠서 만드는 종이도 그렇게
될 겁니다. 타라북스를 보세요. 인도는 점점 좋아질 겁니
다. 저는 그렇게 믿고 있어요."

비록 짧은 시간이었지만 타라북스의 책이 만들어지는 현장을 둘러보고 나니 타라북스가 더 좋아졌다. 아름다운 책을 만드는 출판사는 세상에 많다. 그러나 일하는 사람들이 자기 일에 자긍심을 갖고, 마음 편히 책을 만들 수 있는 출판사는 그리 많지 않다.

요즘 일본 출판사를 둘러보면 굳은 얼굴로 일하는 사람들이 많다. 상사의 압박에 시달리거나, 무리한 스케줄에 쫓기거나, 재미없어도 일이니까 할 수밖에 없다거나. 책을 만든다는 똑같은 일을 하면서도 타라북스에서 느낀 책 만들기의 즐거움과는 정반대의 어두운 이야기뿐이다. 북 디자이너나 인쇄소 사람들과 이야기를 나눠 봐도 다들 비슷한 종류의 답답함을 품고 있다. 이렇게 이를 악물고서까지 책을 만드는 데에 의미가 있을까? 급기야 이런 생각까지 하고야 만다.

인간은 왜 책을 만드는 것일까? 독자에게 메시지를 전하기 위해? 실체가 없는 아름다움을 형태가 있는 것으로 만들기 위해? 베스트셀러로 돈을 벌기 위해? 그것도 아니면 숭고한 출판문화를 위해?

활판인쇄로 책을 찍어 내던 시절에는 일본의 각 도시마다 수많은 활판인쇄소가 있었다. 전쟁 후 교도소와 소년원에서는 직업훈련의 일환으로 재소자에게 활판 실습을 시키고는 했다. 당시 상황을 잘 아는 인쇄소 사장이 해 준 이야기가 아직도 또렷이 기억난다.

"활자뽑기나 조판 기술을 익히면 출소 후 곧바로 일당을 받으며 일할 수 있었어요. 그런 시대다 보니 인쇄소에는 기가 센 건달들만 우글거렸죠. 그러니 얼마나 힘든 일이 많았겠어요? 하지만 그 시대에 인쇄소가 돌아갈 수 있었던 건 그들이 있었기 때문이죠.”

타라북스는 인쇄공이나 소수 민족, 또는 원래 농민이었던 사람들, 즉 인도 사회의 약자라고도 할 수 있는 사람들을 내버려 두지 않았다. 타라북스는 그들이 여유롭게 일하며 살 수 있는 기반을 만들고자 한다.

타라북스에서 책을 만드는 사람들은 각각의 부서에서 즐겁게 일하며 그 수익을 분배해 살아가고 있다. 그리고 무엇보다 자신의 일에 자긍심을 갖고 있다. 비록 그 크기는 작을지언정, 그런 마음을 지닌 사람들이 하나둘 모이면 확실한 빛을 지닌 횃불이 될 수 있다.

그렇다. 사람은 사람을 행복하게 하기 위해 책을 만든다. 타라북스 사람들과 만난 뒤, 다소 낯간지럽던 이런 말이 쿵하고 가슴을 울린다.

타라북스의 ‘타라’는 산스크리트어로 ‘별’이라는 의미다. 그리고 아마도 우연이겠지만, 제지 공장인 조티 스페셜리티 페이퍼스의 ‘조티’는 ‘광명’이라는 의미다.

기타 울프는 말했다.

“누구든 내면에 아름다운 보석을 갖고 있습니다. 그것을 끌어내어 책이라는 형태로 만드는 것. 그것이 바로 우리가 할 일이라고 생각합니다.”

타라북스에서 그가 어떻게 행동하는지 잠시만 관찰해도 그 말이 거짓이 아님을 금세 알 수 있다. 그는 모든 사람을 동등하게 대한다. 소수 민족 화가든 젊은 인쇄공이든 정체를 알 수 없는 나 같은 외국인이든 상관없다. 상대방이 달라진다고 사람을 대하는 방식이 달라지는 법은 없다. 명민한 편집자로, 마음을 터놓을 수 있는 친구로, 이웃집 아줌마 같은 따뜻함으로, 자기 앞에 있는 사람이 하는 이야기에 그는 귀를 기울인다.

그 올곧은 눈빛이 타라북스 사람들에게 단비처럼 흘러들어 가, 잎맥 구석구석까지 잔잔히 퍼져 나간다. 타라북스의 책이 아름다운 까닭, 이 어두운 시대에 별처럼 눈부신 까닭은 그 때문인지도 모른다.

타라북스에서 일하는 사람들

☀

타라북스와 인쇄 제본 공장
AMM 스크린즈. 타라북스의 책을
만드는 두 군데의 작업장을 찾아
그곳에서 일하는 사람들의
이야기를 들었다. 그들은 타라북스에서
일하며 무엇을 느낄까?

"이곳은
저의 이상적인
일터입니다."

C. 아루무감
프로덕션 매니저
AMM 스크린즈 대표
46세
근속 20년
칼라페트 출신

고등교육을 받아야겠다는 생각에 첸나이로 상경했습니다. 극장에서 일을 했지만 도무지 돈을 벌기 힘들더군요. 달랑 여행가방 하나 들고 작은 방을 빌려 인쇄업을 시작했습니다. 그리고는 조금 규모를 키워 친구들과 회사를 만들었어요.

그러다가 1994년 무렵 기타 울프를 만났습니다. 첫 주문은 명함 제작이었지요. 그로부터 얼마 지나지 않아 <배고픈 사자>라는 그림책을 찍어 달라는 의뢰를 받았습니다. 손으로 뜬 종이에다가 실크 스크린으로 인쇄해 달라는 주문이었죠. 당시만 해도 오프셋 인쇄, 특히 컬러 인쇄는 무척 비쌌거든요.

그 책을 들고 북페어를 다녀오더니 '같은 종이, 같은 인쇄 방식으로 8천 부를 찍어 달라'고 하더군요. 하지만 조그만 인쇄소였기 때문에 찍어 낸 종이를 말릴 공간조차 없었습니다. 사람 손도 부족했고요. 어찌해야 할지 곤란했죠. 그런 저를 보더니 그는 '새 회사를 만들어 타라북스와 함께 일하자'고 제안했습니다. 잠시 생각할 시간을 달라고 해도 그는 '무조건 해야 하는 일'이라며 저를 설득했지요. 그렇게 타라북스에 인쇄와 제본 부서가 생겼습니다. 당시 직원은 겨우 세 명뿐이었지만 그 인원만으로 8천 부 주문을 전부 소화해 냈죠.

어릴 때 어떤 가정에서 자랐나요?

우리 집은 농사꾼 집안이었습니다. 아버지도 농부였고 할아버지도 농부였지요. 저와 형이 도시로 나간 첫 세대였습니다. 위로는 형이 셋, 밑으로는 여동생이 둘, 대가족이었지요. 어릴 때는 매일 농사일을 거들었습니다. 쌀, 사탕수수, 목화 등 각종 작물을 심어 길렀지요. 도시로 나갔던 형은 지금 첸나이에서 연극 일을 하고 있어요. 요가 마스터기도 하고요.

예전부터 예술에 흥미가 있었나요?

고향에서는 예술을 접할 기회가 없었습니다. 첸나이로 상경해 앞으로 뭘 해야할까 고민하던 때에 여러 장르의 예술을 접했지요. 처음에는 음악을 골랐습니다. 그 뒤에 연극도 배웠고 정치도 공부했지요.

AMM 스크린즈는 어떤 회사인가요?

우리 직원들은 다들 시골 출신입니다. 몇몇은 티루반나말라이에서 왔고, 몇몇은 제 고향 칼라페트와 그 근방에서 이주한 젊은이들입니다. 다들 참 좋은 아이들이죠. 제가 이 일을 시작한 때가 스물넷, 스물다섯 정도였는데, 저희 직원들 연령대도 다들 스무 살 언저리입니다.

저는 첸나이에 와서 결혼도 했고 집도 마련했습니다. 그래서 직원들에게도 비슷한 환경을 만들어 주고 싶습니다. 회사에서 주거를 제공하는 것도 그런 이유 때문이죠. 원한다면 학교도 다닐 수 있게 지원하고 있습니다.

미혼 직원들은 사택에서 공동생활을 합니다. 그렇기 때문에 인쇄 일보다 요리를 더 먼저 배우게 되지요. 다들 교대로 식사 준비를 하기 때문에 가끔은 맛없는 밥을 먹게 될 때도 있어요. 그럴 때는 누군가 적당히 나서서 식사 당번에게 조언도 하고 그러는 모양이에요.

인도에서는 직원에게 주거 공간과 교육의 기회를 제공하는 일이 드물다고 들었습니다.

제가 젊었을 때 타라북스에서 일하며 원하던 것들, 기대했던 것들을 직원들에게 주고 싶다는 것. 이것이 제 기본 생각입니다. 우리 회사는 신분 제도 같은 것도 없고, 신참일 때는 약간 적게, 숙련공에게는 좀 더 많은 월급을 지급합니다. 그 이외에는 모든 것이 평등합니다. 매달 열리는 정기 미팅에서 직원들이 귀중한 아이디어를 내놓고는 합니다. 일례로 '제본 작업도 해 보자'는 의견이 들어왔을 때에는 제본 품질로 정평이 나 있던 외국 책을 일일이 해부하며 제본 방식을 함께 고민했지요. 그런 식으로 우리는 하나하나 스스로 고민하며 책을 만듭니다. 누구 하나 직업 훈련

같은 걸 받은 적은 없지만, 어떻게 하면 조금 더 효율적으로, 조금 더 빨리 책을 만들 수 있을지에 대해 스스로 생각합니다.

T.S 마니는 연장자에 매니저지만 직원들에게 무언가를 지시하지는 않습니다. 다들 자신이 어떤 일을 하고 있는지 잘 알고 있기 때문이지요. 작은 문제 정도는 스스로 생각해 깔끔히 해결하며 자신의 일을 해 나가고 있어요.

첸나이에 올 때, 지금처럼 살 거라 생각해 보았나요?

물론 상상도 못했습니다. 뭔가 장사 같은 걸 하리라고는 생각했지만 말이죠. 하지만 타라북스 덕분에 좀 더 자유로운 삶을 살고 있습니다. 누군가 정해 준 일을 기간 내에 해치우는 게 아니라, 매 순간 생각하면서 일할 수 있으니까요. 새로운 책을 만들 때마다 두근두근 설렙니다. 예를 들어 <나무들의 밤>은 지금까지 80만 부를 찍었습니다. 큰 인기를 얻은 그림책이긴 하지만 가끔은 똑같은 책을 찍는다는 게 지겨울 때도 있어요. 그래서 2014년에 <세상의 시작 Creation>이 나왔을 때 얼마나 즐거웠는지 몰라요. 그 그림책은 인쇄가 좀 복잡했는데, 종이의 질이나 색깔, 잉크의 배합 등, 새롭게 생각해야 할 것들이 많았습니다. 그리고 이런 고민의 결과로

책을 더 잘 만들 수 있다면 그 역시 엄청난 기쁨이고요.

일에서 가장 중요하다고 생각하는 것은 무엇인가요?

지금의 품질을 유지하는 일입니다. 예전에는 여섯 명이 일했지만 지금은 밀려드는 주문 탓에 스물여섯 명이 함께 일합니다. 모든 직원이 쾌적한 환경에서 일할 수 있게 하는 것, 그러면서도 책의 품질을 유지하는 것. 말이야 쉽지만 그리 간단한 일은 아닙니다.

예전에는 연간 4천 부에서 5천 부 정도면 충분했어요. 하지만 지금은 1만 부에서 1만 5천 부 정도를 찍어야 합니다. 올해는 각국의 번역판까지 포함해 스무 개의 다른 판본을 도합 3만 부 정도 찍어야 하죠. 솔직히 우리로서는 이것만으로도 벅찹니다. 그래서 기타 울프가 '조금 더 찍어 줄 수 없느냐'고 했을 때 '더 많이 찍고 싶지 않다'고 대답했습니다. 손으로 무언가를 만드는 일에는 책임이 따르기 때문이지요. 돈이야 벌겠지만 질은 떨어집니다. 책을 찍어 내는 저에게 가장 중요한 것은 '품질'입니다.

"진심으로 아름답다고
생각하는 것을 파는 일"

C. 마니반난
영업 매니저
45세
근속 4년
마두라이 출신

어떤 과정을 거쳐 지금의 일을 하게 되었나요?

그동안 여러 업계에서 마케팅, 머천다이징, 경영관리직으로 일했습니다. 방글라데시와 베트남 등 해외에서 일하기도 했는데, 가족과 아이들 교육 문제로 2010년에 인도로 돌아왔지요. 이후 2년 정도 건설회사에서 일했습니다. 그러다가 친구를 통해 타라북스가 마케팅 책임자를 찾고 있다는 것을 알게 됐죠. 예전부터 책을 좋아하기도 했고, 타라북스의 책은 정말이지 아름다웠습니다. 그런 아름다운 책을 아이들에게 전해 주는 일이었기에 마음도 채워 줄 것 같았습니다. 제 성격과 잘 맞겠다 싶었죠.

어린 시절은 어땠나요?

외동아들로 자랐습니다. 사촌이 무척 많았지만 그중에서도 유독 제가 집안 사람들의 귀여움을 받고 자랐지요. 어머니는 안 계셨고 아버지는 일로 집을 비울 때가 많았습니다. 그런 사정도 있고 하니 주변에서 특히 신경을 써 준 것 같습니다. 여러 친척 할머니들, 이모들, 고모들이 저를 돌봐 주셨죠.

시골에서 자랐기 때문에 넓은 대지, 풀을 뜯는 소, 쌀과 콩을 키우는 풍경, 친척들과의 추억이 여전히 기억에 선명합니다. 좋은 공기에 초록이 지천인, 아름다운 풍경이었죠. 사람들 사이도 끈끈

했던, 즐거운 시절이었습니다.

일을 하면서 가장 어려운 일은 무엇인가요?

'타라북스가 만든 책은 아름답다. 그러나 무척 비싸다.' 이것이 오래도록 고정된 타라북스의 이미지입니다. 물론 지금도 고가의 아름다운 책이 타라북스의 대명사이긴 합니다. 하지만 저는 그 이미지를 아주 약간만 바꿔 보고 싶었습니다. 몇몇 책들을 페이퍼백으로 만들기 위해 노력했죠. 페이퍼백으로 책을 만들면 많은 아이와 부모가 타라북스 책을 접할 수 있습니다. 예전에는 비싸서 한 권밖에 살 수 없었지만 저렴한 페이퍼백이라면 두 권, 세 권 살 수 있다는 계산도 되죠. 인도에는 책을 살 여유가 없는 사람이 정말 많습니다.

학교의 경우도 마찬가지입니다. 예산이 한정되어 있는 경우가 많기 때문에 최소한의 예산으로 최대한의 책을 구입하고자 하죠. 그렇게 되면 양질의 책이냐 아니냐는 것은 두 번째로 밀리고 그저 싸다는 이유만으로 책이 선택되기도 합니다. 그래서 영업 전략으로 페이퍼백을 만들었습니다. 더 많은 사람이 양질의 책을 접할 수 있어야 한다는 게 제 생각입니다.

일에서 자극이 되는 것이 있다면 무엇인가요?

동료들입니다. 아루무감 씨를 예로 들면, 오랜 세월 타라북스에서 일하며 스스로 진화를 거듭해 온 사람입니다. 그 자세에 저 역시 고무되곤 하죠. 좋은 친구이기도 하고요.

기타 울프 씨는 대단한 감각의 소유자로, 그가 생각하는 아름다움을 책으로 승화시켜 내죠. V. 기타 씨는 상대방을 이끄는 열정이 있어요. 무언가를 분석하는 능력도 탁월하고요. 이 세 사람에게 매번 큰 자극을 받죠.

타라북스의 존재를 드러내는 가장 큰 요소는 아무래도 핸드메이드 책입니다. 그 아름다운 결과물이 타라북스를 돋보이게 하죠. 페이퍼백을 만든다는 것에서 모순을 느끼지는 않았나요?

그렇지는 않았습니다. 예를 들어 <하다! Do!>의 핸드메이드는 400루피약 8000원고 페이퍼백은 150루피약 3000원입니다. <하다!>의 페이퍼백은 핸드메이드 책만큼이나 잘 팔리고 있고, 결과적으로 더 많은 사람들이 그 책을 읽게 되었죠. 하지만 페이퍼백 인쇄만 밀고 나가겠다는 건 아닙니다. 균형의 문제죠. 예술에 근접한 책은 핸드메이드여야만 한다고 생각하니까요. 하지만 타라북스 책 중에도 페이퍼백으로 만들 수 있는 책이 있다는 그런 이야기입니다. <나무들의 밤>은 타라북스만이 만들 수 있는 특별한 책입니다. 그 책을 페이퍼백으로 찍어 내는 건 불가능하죠.

품절 상태를 빚는 일도 많다고 들었습니다. 영업 면에서는 어떻게 대응하고 있나요?

어떻게든 유연하게 대처하고 있습니다. 주문 뒤 3~4개월 기다려야 할 경우도 있는데, 그 전에 신간이 나올 때도 있고 하니, 어떻게든 균형을 잡고 있습니다. 매일 재고를 체크해, 빠르게 나가는 책, 천천히 정기적으로 나가는 책을 확인하고 증쇄 준비도 하지요.

서점이나 시장이 원하는 것을 공급할 수 있도록 기타 울프 씨를 비롯한 핵심 멤버에게 의견을 적극 내놓는 등, 제가 할 수 있는 최선을 다합니다. 가령 잘 팔리는 책의 경우에는 예상 스케줄을 잡아 2개월 전부터 미리 발주를 받아 두기도 합니다. 1년에 쓸 수 있는 예산이 한정되어 있는 만큼 그에 대해서도 미리 계획을 세워 두고 있지요.

타라북스로 인해 스스로 변했다고 생각하나요?

어떤 의미에서는 그렇다고 생각합니다. 건설회사에서 마케팅을 하던 때에는 어딘지 모르게 사람들과 단절되어 있다는 느낌을 받았습니다. 회사와 여러 고객을 연결하는 창구 역할을 했지만, 대체할 수 있는 수많은 회사원 중 한 명이라는 느낌도 들었지요. 하지만 지금, 타라북스에서 하고 있는 일에는 보람이 가득합니다. 누군가는 분명 이 책의 아름다움을 알아봐 주리라고 생각하니까요.

가장 좋아하는 책은 <불타는 꼬리가 달린 공작새를 보았다>입니다. 그냥 펼쳐보기만 해도 충분히 즐거운 책이지만, 책의 재미있는 구성을 설명했을 때 상대가 그것을 이해하고 감탄하는 모습을 볼 때마다 말로 표현하기 어려운 만족감을 느끼고는 하지요. 타라북스에 입사한 이후, 저는 제가 진짜 좋아하는 것을 팔 수 있게 되었습니다.

아룬
편집자, 영상 디렉터
29세
근속 5년
독일 출생, 첸나이 출신

어린 시절은 어땠나요?

독일에서 태어났지만 주로 첸나이에서 자랐습니다. 아기였을 때는 독일에서 반년, 인도에서 반년, 이렇게 두 나라를 오가며 살았습니다. 아버지가 독일인이시거든요. 그러다가 제가 네 살 되던 무렵 아예 인도로 들어왔죠.

어렸을 때는 운동을 좋아했어요. 책에는 그리 흥미가 없었습니다. 어머니가 타라북스를 시작했던 게 아마 제가 여덟 살 무렵이었을 거예요. 어렸을 때는 어머니가 무슨 일을 하는지 자세히 몰랐어요. 집에 원고가 잔뜩 있었기 때문에 어렴풋이 아는 정도였죠. 타라북스에서 일하기 시작한 건 5년 전부터입니

다. 편집 일을 비롯해 저작권 관리, 타라북스 관련 영상을 담당하고 있습니다.

어떤 일을 할 때 가장 즐겁나요?

처음에는 다른 사람이 하는 일을 돕거나 관찰하는 정도였습니다. 그러다가 <기억과 박물관 사이>의 출간에 맞춰 제작 과정을 영상으로 기록하는 일을 하게 됐어요. 그러면서 보다 직접적이고 강하게 영상 미디어의 장점을 깨달았습니다. 책과 관련한 영상이 있으면 좋겠다고 생각했죠. 책 제작의 이면에는 독자에게 미처 전하지 못한 말들이 가득하기 때문입니다. 그래서 지금은 책과 영상을 보다 효과적으로 조합하는 프로젝트를 고민하고 있어요. 예술가의 생생한 삶을 책과 함께 독자에게 전달한다는 건 참 근사한 일이죠. 훨씬 감각적으로 독자에게 다가갈 수 있으니까요. 그리고 그 과정은 예술가의 자신감과 자긍심으로도 이어집니다. 제작 과정은 단 한 번뿐이기 때문에 그 순간을 남겨 두고 싶어요.

로히니
편집 어시스턴트
22세
근속 7개월
웨스트벵골주 콜카타 출신

대학 때까지 콜카타에 살다가 졸업 후에 가족 모두 첸나이로 이주했습니다. 타라북스에 오기 전에는 '닥시나치트라'라는 인도 토속 문화관에서 인턴으로 일했어요. 거기에서 <술타나의 꿈 Sultana's Dream>이라는 책을 처음 봤는데 보자마자 한눈에 반했어요. 그래서 무턱대고 타라북스로 메일을 보냈죠. 그런데 어찌된 일인지 채용이 됐지 뭐예요!

책은 예전부터 무척 좋아했습니다. 3백 페이지나 되는 책을 '내일 돌려주겠다'며 빌려 하룻밤 사이에 다 읽을 정도였지요. 매일 일하러 오는 게 너무 즐거워서 버스로 한 시간 반 걸리는 출퇴근도 전혀 괴롭지 않아요. 두 분의 기타 씨는 매일 저에게 큰 자극을 주시죠. 제가 가진 것을 전부 꺼내 놓아도 부족하겠지만, 그렇게라도 하고 싶을 만큼 진심으로 이 일이 너무 좋아요.

라기니
그래픽 디자이너
24세
근속 10개월
텔랑가나주 하이데라바드 출신

마하라슈트라주의 푸네에서 대학을 졸업하고 얼마 지나지 않아, 타라북스에서 디자이너를 모집한다는 소식을 들었어요. 2016년 2월, 타라북스에 입사했죠. 부모님이 디자인 일을 했기 때문에 예술 작품과 책에 둘러싸여 자랐습니다. 어릴 때 읽었던 타라북스 책의 개정판을 내가 지금 디자인하고 있다니! 정말 꿈만 같아요. 매일이 새로움을 발견하는 나날이에요. 타라북스는 신참의 의견에도 귀를 기울여 주는 곳이죠. 타라북스의 일원이라는 것을 실감하며 일할 수 있어요. 책을 디자인하다 보면 책의 콘셉트와 비주얼이 '이거다!' 하며 딱 들어맞을 때가 있어요. 그 지점이 북 디자인의 즐거움이죠.

드와니
그래픽 디자이너
29세
근속 4개월
마하라슈트라주 뭄바이 출신

여기 오기 전에는 일러스트레이션 사무실에서 어시스턴트로 일했어요. 그 사무실에 <런던정글북>이 있었는데, 그 책으로 타라북스를 알게 됐습니다. 보자마자 팬이 됐죠. 지금은 제가 타라북스 직원 중에 제일 막내입니다.

어릴 때부터 그림 그리는 걸 정말 좋아했는데, 제가 좋아하는 타라북스에서 디자인을 하고 있다니, 정말 기뻐요. 타라북스는 회사라기보다는 대가족이라는 느낌으로 서로를 대합니다. 마음 편한 곳이죠. 이전 직장에서는 늘 시간에 쫓기며 일했어요. 지금은 타라북스의 여유로운 속도에 적응하며 일하고 있어요.

슈리라리타
편집, 홍보
38세
근속 3년
코임바토르 출신

여기 오기 전에 <더 힌두 The Hindu>라는 신문사에서 저널리스트로 근무했어요. 그때부터 타라북스를 알고 있었고, 타라북스 관련 기사를 볼 때마다 반가운 마음에 주목하곤 했었죠. 11년 정도 신문사에 근무했더니 뭔가 다른 일을 해 보고 싶어졌어요. 그리고 운이 좋게도 타라북스에서 일할 수 있게 됐죠. 타라북스는 여성이 일하기 좋은 직장입니다. 스스로 생각하고 함께 의논하며 일할 수 있는 곳이죠.

신문사에서는 매일이 마감 전쟁이었습니다. 그것도 좋은 경험이었고 즐거운 일이기는 했지만 타라북스에서 일하는 행복은 그와 전혀 다른 종류의 즐거움이에요. 타라북스의 노동환경은 정말이지 훌륭합니다. 타라북스에서 나누는 대화도 마찬가지고요. 매일매일이 즐겁습니다.

117

낸시
영업 지원
28세
근속 9년
첸나이 출신

어머니, 오빠, 남동생, 저 이렇게 네 가족이 함께 살고 있어요. 제가 세 살 때 아버지가 돌아가시면서 홀어머니 밑에서 자랐죠. 가족은 제게 보물입니다.

타라북스에서 사회생활을 처음 시작했습니다. 여기가 제 첫 직장이었고 벌써 9년이나 됐지만 너무 마음 편한 회사라 다른 곳으로 갈 생각이 들지 않아요. 서로가 서로를 잘 보완해 주기 때문에 뭔가 제가 실수를 해도 숨김없이 그대로 보고할 수 있는, 그런 분위기라고 할까요. 여기서 일하다 보면 다들 가족 같다는 생각이 들어요. 서로를 잘 알고 있죠. 타라북스에 와서 영어도 많이 늘었어요. 그 외에도 정말 많은 것들을 배웠고요. 일하는 틈틈이 공부해, 2년 전에는 경영학 석사도 취득했습니다. 타라북스 사람들에게 받은 좋은 자극 덕분이었죠.

샤민
경리 매니저
39세
근속 8년
케랄라주 카니아마리 출신

부모님과 동생, 저 이렇게 가족 넷이서 살았습니다. 어릴 적에는 생일날을 가장 기다렸죠. 아침에 일어나면 리본을 묶은 선물이 머리맡에 있고는 했습니다. 부모님은 우리를 깜짝 놀래키는 걸 좋아하셨죠. 이제는 제가 제 아이들에게 그렇게 합니다.

타라북스에 근무한 지 이제 8년이 다 되어 갑니다. 타라북스에서 하는 일은 예전에 하던 컨설턴트 일과는 전혀 달라요. 경리 담당이기 때문에 서점이나 거래처 등, 여러 곳들과 교섭해야 하죠. 유통, 계약서, 배송 준비 등등 해야 할 일이 정말 많아요. 해외 거래처와 해야 할 일도 있고요. 그럼에도 타라북스에서 하는 일은 보람도 있고 즐겁습니다. 가족 같은 분위기에다가 신분 제도도 없고 말이죠.

산디야
경리
21세
근속 1년 반
첸나이 출신

2년 전 아버지가 돌아가셨고, 어머니, 할머니, 오빠 셋, 언니, 여동생과 함께 살고 있습니다. 저는 그중 다섯째고, 어릴 때에는 형제자매들끼리 재밌게 놀면서 지냈습니다.

어느 날 어머니가 타라북스에서 경리부 사람을 구한다는 이야기를 전해 줬는데, 그게 이 일을 하게 된 계기가 되었어요. 타라북스 사람들은 다들 친절합니다. 그래서 너무 좋아요. 경리부 매니저인 샤민 씨도 이것저것 잘 가르쳐 주시고요. 이 일을 하며 자신감도 가지게 되었어요. 더 다양한 것들을 할 수 있을 거라는 생각도 들었고요. 그래서 회계라는 이 일이 더 좋아졌습니다. 뭔가를 배우는 걸 좋아하기 때문에 일을 하며 좀 더 공부해 진학하려 합니다. 회계사 공부를 해 볼 생각이고, 전문 영역에도 도전할 계획입니다.

니티야
경리
27세
근속 8개월
티루반나말라이 출신

부모님과 오빠 둘이 있고 삼남매의 막내로 자랐습니다. 어릴 때 공부하는 걸 좋아했어요. 특히 수학 과목을 좋아했죠. 그래서 회계사가 되어야겠다는 생각을 했습니다. 좋아하는 음식은 엄마가 만든 생선 카레. 모두 초대해 대접하고 싶을 만큼 정말 맛있죠!

책 읽기를 좋아하는지라 타라북스에서 일하는 건 뭔가 기분 좋은 덤이 따라온 느낌이에요. 입사 전까지만 해도 타라북스에 대해 전혀 몰랐지만 말이에요. 다들 정말 좋은 사람들이고, 이런저런 것들을 친절하게 가르쳐 주시죠. 영어로 이야기할 기회가 늘었다는 것도 이전 직장과는 다른 점입니다. 앞으로 제 목표는 샤민 씨처럼 훌륭한 회계사가 되는 것이에요. 곧 결혼을 앞두고 있기 때문에 당장은 그것이 최우선 사항이지만요.

카트리나
그래픽 디자이너
30세
근속 2년 반
스코틀랜드 출신

런던에서 디자인을 공부했는데, 그때의 선생님이 타라북스의 디자이너 라트나 씨였어요. 그의 소개로 타라북스로 오게 됐습니다. 처음에는 6개월의 인턴십만 계획했지만, 타라북스와 첸나이가 너무 마음에 들어서 그대로 눌러 살게 됐죠. 여기 오게 된 것이 지금까지의 제 인생에서 가장 큰 변화였을 거예요. 인턴십으로 왔을 때 <빌족 카니발에 가다 Visit the Bhil Carnival>의 디자인을 맡았는데, 그저 누군가의 아이디어를 비주얼 측면에서 출력하는 게 아니라 디자이너로서 응당 그래야 할 표현을 맘껏 할 수 있다는 걸 경험했습니다. 타라북스는 모든 이가 대등한 관계에서 일할 수 있는 곳입니다.

타라북스에서 일하는 사람들

란지트
포장, 발송
29세
근속 10년
첸나이 출신

첸나이의 바다 마을 출신으로, 아버지는 어부, 어머니는 전업주부, 결혼한 여동생이 한 명 있어요. 저는 아직 부모님과 살고 있고요. 어릴 때에는 크리켓을 하거나 파티를 열고 노는 걸 좋아했습니다. 지금도 쉬는 날엔 가끔씩 크리켓을 하죠. 타라북스에는 열아홉에 들어왔어요. 그때만 해도 책은 물론이고 일에 대해서도 전혀 몰랐습니다. 같이 일하는 나감마 씨 소개로 들어왔는데, 여기서 일하는 게 정말 행복합니다. 낸시와 마니 씨도 늘 다정하고, 멋있고, 두 분의 기타 씨는 뭐랄까, 제게 신과 같은 존재죠!

포장 일은 정말 즐거워요. 이 일을 한 지도 벌써 10년 가까이 됐기 때문에 이젠 무엇이든 포장할 수 있습니다. 포장 일은 알면 알수록 깊이가 있어요. 한 권씩 포장할 때도 있지만 3백 권을 한꺼번에 포장할 때도 있거든요. 어떻게 하면 책이 상하지 않고 도착할 수 있을지, 늘 궁리하며 일하고 있습니다. 포장하는 걸 나중에 보여 줄게요!

마니칸단
운전사
25세
근속 7년
티미렛티파라얌 출신

부모님과 형, 저 이렇게 네 명이서 같이 살고 있습니다. 시골에서 살다가 7년 전, 가족 모두 첸나이로 이사 왔어요. 어머니는 요리를 잘하시는데, 자주 해 주시는 생선튀김이 제일 맛있습니다. 타라북스에서 일한 건 열일곱 살 때부터였고, 그 전에는 AMM 스크린즈에서 일했어요. 형은 지금도 거기에서 인쇄 일을 하고 있죠. AMM 스크린즈에서 일할 때 아루무감 씨에게 정말 신세를 많이 졌어요. 그래서 인쇄, 제본, 잉크 조색 등 웬만한 일은 다 할 수 있게 됐죠. 그중에서 제본하는 일이 제일 재밌었습니다. 지금 하는 운전사 일도 재미있고요. 가끔은 란지트 씨의 포장 일도 도와주고 있습니다.

타라북스에서 일하는 사람들

자비스
경비
70세
근속 10년
첸나이 출신

1946년에 태어났고 타라북스에서 야간 경비원으로 일하고 있습니다. 형 세 명에, 여동생이 한 명 있지요. 결혼은 하지 않았습니다. 어머니의 요리 중 가장 좋아하는 것은 마살라 바다으깬 감자에 여러 향신료를 섞어 바삭하게 튀긴 것였습니다. 밥과 곁들여 먹는 달인도 콩을 듬뿍 넣은 요리도 맛있었지요. 여기 오기 전에는 개인 주택의 경비원 일을 했었고, 그 전에는 직업군인이었습니다. 해군이었지요. 타라북스 사람들은 모두 다 좋습니다. 그도 그럴 것이, 다들 가족 같은 사이니까요. 공항 근처에서 살고 있어서 매일 17킬로미터 거리를 자전거로 출퇴근합니다. 아뇨, 힘들지 않아요. 30분 정도면 도착하니까요. 규칙적으로 수영도 하고 요가도 합니다. 뭐든 좋아하지 않으면 계속할 수 없는 법이지요.

나감마
청소, 관리
50세
근속 16년
첸나이 출신

첸나이 출신으로 해안가에 살고 있습니다. 경제적으로 유복한 집은 아니에요. 남편이 죽었기 때문에 제가 상근직으로 일하고 있습니다. 아들 하나에 딸이 둘인데, 딸 둘은 결혼해서 손자까지 얻었습니다. 바로 요전 달에 손자가 태어났지요. 드디어 아들도 곧 결혼하고요.

타라북스에서 일하는 게 정말 좋습니다. 다들 정말 좋은 사람들이죠. 가족 같은 분위기의 마음 편한 곳입니다. 이전에는 기타 울프 씨의 집에서 가사도우미로 일했어요. 그러다가 타라북스로 옮겼는데, 그것도 벌써 16년이나 되었네요. 영어는 잘 몰라도 대충 알아 듣기는 합니다. 타밀어로 나온 타라북스 책은 전부 읽었고요. '마하바라타' 이야기를 좋아하는데, 타라북스에서 타밀어판을 내지 않아서 <아이 눈으로 본 마하바라타>는 아직 못 읽어 봤어요.

샨티
청소, 관리
31세
근속 3년
첸나이 출신

부모님과 오빠 셋이 있습니다. 가난한 집이었기 때문에 부모님 바람대로 열여섯에 결혼했어요. 지금은 열네 살 된 딸과 열일곱 살 된 아들과 함께 살고 있습니다. 결혼 당시에는 결혼이 어떤 것인지 몰랐습니다. 배우고 싶다는 열망이 있었기 때문에 학교에 다니려고 했던 적도 있었어요. 타라북스에 들어와서 영어가 꽤 많이 늘었습니다. 말하는 건 아직 부족하지만 듣는 건 웬만큼 다 되지요. 여기 오기 전에는 다른 집에서 가사도우미 일을 했습니다. 개인 가정에서 일을 하다 보면 접하는 사람이 한정될 수밖에 없는데 타라북스는 사무실이기 때문에 다양한 사람과 이야기를 나눌 수 있어요. 가족 같아서 마음도 편하고요. 지금부터라도 학업을 해 나가고 싶다는 생각이 있어요. 제 딸도 학교에 보내고 싶고요. 그래서 더 열심히 일하고 있습니다.

타라북스에서 일하는 사람들

"의식주를 함께하는
우리는 한 가족"

T.S. 마니
인쇄, 제본 총괄 매니저
39세
근속 20년
토라팔리 출신

핸드메이드 책의 인쇄 제본 공장인 AMM 스크린즈의 좋은 점은 무엇인가요?

AMM 스크린즈는 '개인의 생활'과 '프로로서의 일' 양쪽 모두를 잘 돌봅니다. 살 집도 제공하고 필요한 것도 챙겨 주지요. 진짜 가족처럼 지내고 있어요.

타라북스로 인해 인생이 바뀌었다고 생각하나요?

그렇습니다. 젊을 때에는 무슨 일을 해서 먹고살아야 할지 막막했습니다. 하지만 여기 와서는 달라졌어요. 아루무감 씨가 제게 실크 스크린 인쇄를 가르쳐 주셨죠. 인쇄에 관한 일은 전부 그에게 배웠습니다. 경험을 쌓아 숙련공이 된 지금은 책임을 져야 할 위치에서 일을 맡게 되었습니다. 아루무감 씨는 직원의 실수도 본인이 책임을 졌어요. 그것이 오히려 개개인의 책임감으로 이어졌다고 생각합니다.

현장에서는 어떤 일을 가장 신경 쓰나요?

일을 배우는 속도는 사람마다 다릅니다. 한 번 보고 금세 따라하는 사람도 있는가 하면, 천천히 일을 배우는 사람도 있지요. 일은 빨리 배웠지만 실수가 많을 수도 있고, 느리게 배웠어도 작업이 꼼꼼한 사람이 있어요. 어떤 유형이든 제각각 장점이 있지요.

음식에 대한 불만부터 휴가 조정까지,

직원 모두가 마음 편히 생활할 수 있도록, 생활 면에서도 여러 가지를 신경쓰고 있습니다. 그들을 가족이라고 생각하고 최대한 편하게 지낼 수 있도록 노력합니다. 서로가 서로를 하나의 대가족처럼 여겨 주길 바라는 마음입니다.

일은 어떤 식으로 가르치나요?

일을 가르치기 전에 우선 설명부터 합니다. 지금부터 작업할 책이 어디로 가서 어떤 사람들의 손에 전해질지, 그리고 전 세계 독자들이 타라북스의 책에 얼마나 감동하고 있는지를 말이죠. 고품질이어야 한다는 것을 잊지 않도록, 자주 그런 이야기를 하지요. 하지만 이렇게 노력해도 약 2퍼센트 정도는 파지가 나옵니다. 그게 모이면 꽤 큰 금액이 되지요. 그리고 안타깝지만, 그게 힘들어 나갈 사람은 대체로 입사 한두 달 안에 판명납니다. 어쨌건 직원 중 90퍼센트 정도는 품질관리의 중요성을 잘 이해하고 있지요.

직원들은 여러 공정 중 원하는 작업을 선택할 수 있나요?

직원들은 모두 인쇄부터 제본까지, 모든 공정을 할 수 있도록 훈련합니다. 그렇기 때문에 어느 한 작업만 하는 경우는 없어요. 개인에 따라 속도 차이는 있지만, 대략 반년에서 1년 정도면 다들

어떤 공정에서도 훌륭히 일을 해낼 수 있게 되지요. 하지만 제본에서 핵심 파트를 맡고 있는 베누고팔 씨와 모한 씨는 제본만을 전문으로 하고, 여성 직원은 인쇄 이외의 공정에만 배정한다는 예외는 있습니다.

여기서 배운 경험을 살려 새롭게 인쇄 사업을 시작한 사람도 있나요?

두세 명 있습니다. 그리고 우리 회사에는 일을 하며 학교를 다니는 직원도 많아요. 졸업하자마자 말레이시아의 호텔에 취직한 직원도 있고 전기 엔지니어가 된 직원도 있습니다. 정말 기쁜 일이죠. 금전 여유가 없어도 더부살이로 일하며 교육을 받을 수 있다는 점은 자신의 인생을 개척할 수 있다는 것이니까요.

마니 씨는 독립을 생각해 본 적이 없나요?

그런 소리를 자주 들었습니다. 왜 자기 회사를 시작하지 않느냐고 말이죠. 하지만 그런 생각은 해 본 적이 없어요. 아루무감 씨는 정말 저에게 잘해 주셨고, 진심으로 신뢰해 주시죠. 그 마음에 보답하고 싶다는 마음이 큽니다.

타라북스에서 일하는 수많은

인쇄 제본 현장의 직원들에게 물어봤습니다.
1. 좋아하는 그림책은?
2. 출신지는?
3. 좋아하는 음식은?

니라간단
인쇄, 제본 / 35세 / 근속 16년
"제일 좋아하는 작업은 인쇄판의 노광 작업,
그 다음이 제본입니다. 소중한 건 친구들이죠."
1. <세상의 시작>
2. 토라파디
3. 말린 생선, 어머니가 만든 삼발

아리바라간
인쇄 / 33세 / 근속 16년
"같은 마을 친구들과 함께 일할 수
있어서 행복합니다."
1. <고양이가 좋아>
2. 티미렛티파라얌
3. 차파티 밀가루 반죽을 얇게 펴서 구운 빵

샨무감
인쇄 / 29세 / 근속 13년
"현장 사람들이 친절하고
다정해서 정말 좋습니다."
1. <운명의 고리 The Circle of Fate>
2. 아루나기리망갈람
3. 일요일마다 모두와 함께 만드는 비리야니

마리야판
인쇄 / 27세 / 근속 10년
"책을 좋아합니다."
1. <나무들의 밤>
2. 티미렛티파라얌
3. 차파티

라메시

인쇄 / 34세 / 근속 9년

"책을 좋아해서 이 일이 즐겁습니다."

1. <나무들의 밤>
2. 토라파디
3. 도사_{쌀가루 반죽을 얇게 펴서 구운 빵}

친라즈

인쇄 / 24세 / 근속 7년

"여러 친구들과 함께 일을 할 수 있어서 좋습니다."

1. <꿀꺽꿀꺽 잡아먹을 테다! Gobble You Up!>,
<꿈꾸는 소녀 테주 Drawing from the City>
2. 첸나이
3. 현장에서 먹는 카레라이스, 타마린드_{인도에서}
자생하는 대추야자의 일종으로 새콤한 맛이 강하다 **볶음밥**,
엄마가 만든 시금치 카레

부파란

인쇄 / 25세 / 근속 5년

"많은 친구들과 함께 근무할 수
있어서 행복합니다."

1. <나무들의 밤>
2. 메루넷리
3. 일요일마다 만드는 비리야니

간디

인쇄 / 20세 / 근속 2년 반

"이곳의 삶도 좋고,
여기서 책 만드는 것도 좋아요."

1. <세상의 시작>, <고양이가 좋아>
2. 텐무디아눌
3. 현장에서 먹는 밥,
엄마가 만들어 준 모든 요리

카나가라즈
인쇄 / 23세 / 근속 2년

"여기서 사는 것, 책 만드는 것,
전부 다 좋습니다."

1. <나무들의 밤>, <고양이가 좋아>
2. 카라이칼
3. 아내가 만든 이들리_{콩가루와 쌀가루로 반죽한 찐빵}

프라부
인쇄, 제본 / 23세 / 근속 2년

"새 책 작업을 할 때의 기대감과
그 경험들이 좋습니다."

1. <나무들의 밤>
2. 토라파디
3. 치킨 비리야니

라마찬드란
인쇄 / 20세 / 근속 7개월

"책을 좋아합니다."

1. <나무들의 밤>, <물 속 생물들>
2. 망가람펫타이
3. 현장에서 먹는 생선구이,
엄마가 만든 토마토 볶음밥

안바라산
인쇄 / 19세 / 근속 5개월

"형제, 친구들과 함께 일할 수 있어서
좋습니다. 전부 다 재밌고 즐거워요."

1. <물 속 생물들>
2. 첸나이
3. 현장에서 먹는 이들리, 엄마가 만든 차파티

쿠마란

인쇄 / 19세 / 근속 4개월

"함께 일하는 친절한 분들 모두 다 좋아요."
1. <나무들의 밤>, <물 속 생물들>
2. 첸나이
3. 엄마가 만든 차파티,
현장에서 먹는 치킨 볶음밥

가네시

인쇄 / 20세 / 근속 3개월

"제본 일도 하지만 인쇄 일이 더 좋아요."
1. <물 속 생물들>
2. 첸나이
3. 삼발콩과 채소, 각종 향신료를 넣고 끓인 스프

베누고팔

제본 / 63세 / 근속 6년

"좋은 사람들과 함께 일할 수 있어서
정말 행운이라고 생각합니다."
1. <고양이가 좋아>
2. 티루반미유르
3. 생선

모한

제본 / 69세 / 근속 3년

"자유가 좋습니다. 타라북스는
자유롭기 때문에 좋습니다."
1. <나무들의 밤>
2. 크롬펫
3. 야채 카레

비라

제본 / 35세 / 근속 15년

"가족, 그리고 내가 하는 이 일을 좋아합니다."

1. <나무들의 밤>
2. 티미렛티파라얌
3. 치킨 비리야니

마하락슈미

제본 / 34세 / 근속 4년

"타라북스에서 일할 수 있다는 것,
그리고 내 가족을 좋아합니다."

1. <물 속 생물들>
2. 페룬구디
3. 채소 비리야니

비노다

제본 / 33세 / 근속 4년

"제본 일도 좋고, 타라북스에서
일한다는 것 그 자체가 너무 좋아요."

1. <물 속 생물들>
2. 토라파디
3. 생선 카레

바바니

제본 / 23세 / 근속 1년

"가족 같은 사람들과 함께 일을
할 수 있어서 좋습니다."

1. <물 속 생물들>
2. 티미렛티파라얌
3. 생선

<나무들의 밤>이 태어난 곳

한밤중, 홀로 밖으로 나갔다. 눈앞으로
보리수 거목이 나타났다. 마을에서
신성하게 모시고 있다는 나무였다.
만월의 빛을 받아 나무는 하얗게
빛났고, 이파리는 반짝반짝 흔들리고
있었다. 그곳은 그야말로 <나무들의 밤>
그대로의 세계였다.

글, 사진: 마쓰오카 고다이

<나무들의 밤>을 처음 접한 날, 책의 아름다운 만듦새는 물론이거니와, 그 이상으로 나를 끌어당겼던 것은 책에 묘사된 신화의 세계였다. 인도의 소수 민족, 곤드족 이야기였다. 언제쯤이 될지는 모르겠지만 <나무들의 밤>이 태어난 곳에 가고 싶다고 생각했다. 그리고 2016년 3월, 그 바람이 이루어졌다. <나무들의 밤>의 공동 저자이자 <세상의 시작>, <런던정글북>의 작가이기도 한 바주 샴이 봄을 환영하는 '홀리' 축제에 맞춰 고향으로 돌아간다고 했다.

바주 샴이 태어난 파트나가르 마을은 인도 중앙부에 위치한 마디아프라데시주의 동쪽 끄트머리에 있다. 바로 옆 차티스가르주 경계선 가까이에 있는 마을이다. 이 곤드족 마을은 대체로 세 개의 자티커뮤니티로 나뉘어져 있다. 농사일을 하는 '곤드', 소를 키우는 '아히루', 농사와 함께 음악과 그림을 즐기는 '프라단'. 바주 샴은 프라단에 속한 사람이었다.

파트나가르 마을에 도착한 것은 홀리 축제 전날 밤이었다

인도에서는 홀리 축제 전날 밤 광장이나 사거리 중앙에 모닥불을 피워 악마를 쫓는 풍습이 있다 밤이 완전히 깊어진 후 우리는 가로등도 없는 마을길을 걸어 광장으로 나아갔다 그리 어둡지는 않았다 하늘에 뜬 하얀 보름달이 발밑을 비춰 주고 있었기 때문이다

광장에는 이미 커다란 모닥불이 타오르고 있었다 아이들은 그 불을 둘러싼 채 탄성을 질러댔다 가끔씩 퍽 소리와 함께 불길에서 불똥이 튀어 올랐다 불똥은 천천히 떠올랐다가 잿빛 어둠 속으로 사라져 갔다 나는 그 모습을 질리지도 않고 내도록 바라봤다

하늘에 닿을 듯 기세 좋던 불길이 점차
사그라들었다. 그에 따라 동쪽 하늘이
어슴푸레 밝아오기 시작했다. 그리고
세계는 다시금 색채를 되찾았다. 눈 밑
으로 수채화 같은 숲의 풍경이 펼쳐지
기 시작했다.

홀리 축제 날 아침, 바주 샴은 북을 들고 나타났다. 그는 북을 두드리며 형제의 집을 돌았고, 색색의 가루를 서로에게 뿌리며 찾아온 봄을 축하했다. 밤이 되자 친족과 친구들이 한자리에 모여들었다. 마후아 꽃으로 만든 술을 마시며 축제는 점차 흥이 올랐다. 취기에 몸을 맡긴 바주 샴은 북을 두드리며 노래를 불렀다. 그의 선창에 호응하듯, 주변 사람들도 냄비와 솥을 두드렸다. 그리고 춤췄다. 예술과 음악을 관장한다는 프라단다웠다. 바주 샴의 삼촌도 북치는 명인이라고 했다.

파트나가르 마을은 4백여 명의 곤드족
이 모여 사는 마을이다. 마을은 약간 높
은 언덕바지에 자리 잡고 있다. 전기
는 간신히 연결되어 있었지만 수도는
없다.
여자들이 아침에 일어나서 제일 먼저
하는 일은 언덕 기슭에 있는 연못과 우
물에서 물을 길어오는 것이다.

마을 한가운데 보리수나무가 있다.
마을 사람의 신앙이 집결된 이 거대한
존재가 마을을 단단히 지켜 주고 있는
듯했다.
이 보리수나무는 <나무들의 밤>에서
'창조주의 거처'로 묘사되고 있다.

바주 샴은 젊었을 때 일도 안 하고 내내 빈둥거렸다. 그런 그를 보다 못한 숙부 장가르 싱 샴은 '그럴 거면 내 그림 조수라도 하라'며 그에게 그림을 권했다. 바주 샴이 스물다섯 되던 때의 일이었다. 장가르 싱 샴은 곧바로 그의 내면에 잠들어 있던 화가의 재능을 알아봤다. 그림과 음악의 자티, 프라단의 피가 깨어나는 순간이었다.

"그 전까지만 해도 그림을 그려 본 적이 전혀 없었어요. 굳이 찾자면 어린 시절, 엄마가 디그나를 그릴 때 옆에서 도와줬던 정도일 겁니다."

디그나를 그리기 위해서는 우선 벽과 바닥을 깨끗하게 청소해야 한다. 그리고 소똥으로 밑그림을 그린 후, 그 위로 백색, 흑색, 적색, 황색, 녹색의 진흙으로 도안을 채워 나간다. 예로부터 디그나는 곤드족 여자가 집의 평안을 기원하기 위해 그리는 중요한 일이었다. 그리고 그 전통은 지금도 마찬가지다. 곤드족 예술의 원점은 곤드족 여자들의 손에서 태어난 것이다.

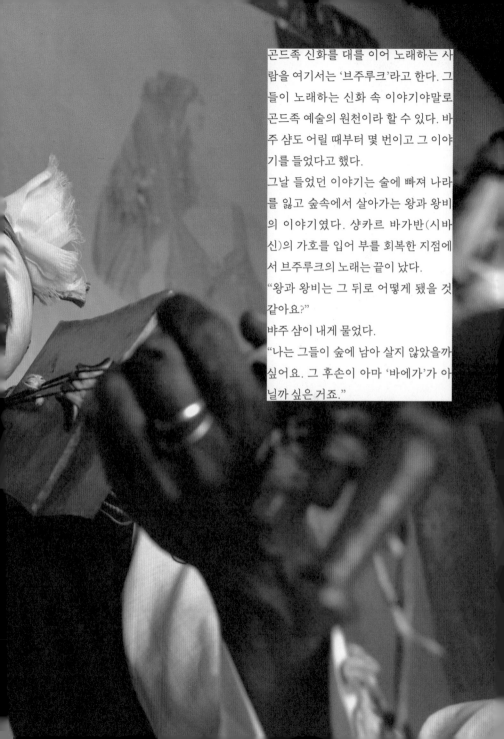

곤드족 신화를 대를 이어 노래하는 사
람을 여기서는 '브주루크'라고 한다. 그
들이 노래하는 신화 속 이야기야말로
곤드족 예술의 원천이라 할 수 있다. 바
주 샴도 어릴 때부터 몇 번이고 그 이야
기를 들었다고 했다.

그날 들었던 이야기는 술에 빠져 나라
를 잃고 숲속에서 살아가는 왕과 왕비
의 이야기였다. 샹카르 바가반(시바
신)의 가호를 입어 부를 회복한 지점에
서 브주루크의 노래는 끝이 났다.

"왕과 왕비는 그 뒤로 어떻게 됐을 것
같아요?"

뱌주 샴이 내게 물었다.

"나는 그들이 숲에 남아 살지 않았을까
싶어요. 그 후손이 아마 '바에가'가 아
닐까 싶은 거죠."

지금은 농사를 짓고 살지만 사실 곤드 족은 예전에 숲에 살던 민족이었다. 그리고 곤드족의 일파 중에는 지금도 숲에서 사는 사람들이 있다. 바로 그들을 바에가 라 부른다. 수렵과 채집을 생업으로 살아가고 있으며, 여자는 전신에 문신을 새긴다. 어쩌면 지금의 바에가 속에 곤드족의 본래 모습이 남아 있는지도 모른다.

"잠시 차를 세워 주겠나?"

바주 샴이 운전사에게 청했다. 차에서 내린 그는 들판에 우뚝 솟은 거대한 나무를 향해 걸었다.

"내도록 나무들이 마음에 걸렸어."

바주 샴 속에 깃들어 있던 곤드의 기억이 그런 마음이 불러일으켰는지도 모른다. 저 옛날 숲의 민족이었던 곤드족의 기억이 말이다.

꼭 한번 보고 싶은 나무가 있었다. 마후아 나무다. 곤드 사람들은 이 나무 꽃을 모아 집에서 증류주를 만든다. 손님에게 직접 만든 마후아 술을 대접하는 것이 그들의 관습이다.

마후아는 노란 꽃을 피우는 키가 큰 나무로, 3월 하순에 보름 정도 동그란 열매 모양의 작은 꽃을 피운다. 한밤중에 핀 꽃은 날이 새면 톡톡 땅으로 떨어진다. 그러면 곤드족 여자와 아이들이 총출동한다. 이 꽃을 주워 모아 1년치 술을 담기 위해서다.

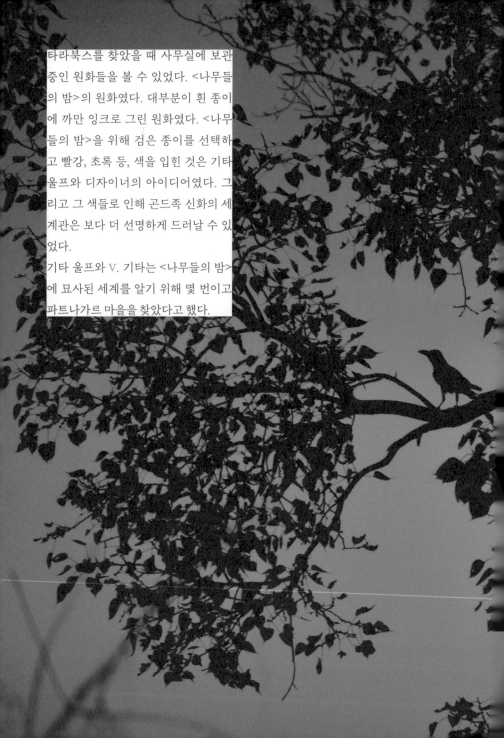

타라북스를 찾았을 때 사무실에 보관
중인 원화들을 볼 수 있었다. <나무들
의 밤>의 원화였다. 대부분이 흰 종이
에 까만 잉크로 그린 원화였다. <나무
들의 밤>을 위해 검은 종이를 선택하
고 빨강, 초록 등, 색을 입힌 것은 기타
울프와 디자이너의 아이디어였다. 그
리고 그 색들로 인해 곤드족 신화의 세
계관은 보다 더 선명하게 드러날 수 있
었다.

기타 울프와 V. 기타는 <나무들의 밤>
에 묘사된 세계를 알기 위해 몇 번이고
파트나가르 마을을 찾았다고 했다.

"바주 삼촌이 마을에 돌아오면 델리나 뭄바이, 런던처럼 삼촌이 다녀온 곳에 대한 이야기를 들려줘요. 그게 얼마나 재밌는지 몰라요. 혹시나 삼촌이 외국 친구를 데려온다면 반갑게 맞아 잘 대해 줘야겠다고 늘 생각했죠."

바주 샴의 조카, 두르가가 말했다. 두르가는 내가 파트나가르에 머물 동안 이모저모 많은 도움을 준 소녀였다. 바주 샴은 곤드족 신화와 삶을 세계로 전하는 동시에, 파트나가르 마을에 세상의 모습을 전하는 창구였던 것이다.

마을에 와서 가장 놀란 건 마을사람들, 특히 곤드족 여자들의 친절이었다. 마을에 오자마자 바주 샴의 누나에게 포옹을 받고 잠시 허둥댔다. 인도에서는 가족이 아닌 사람에게 여성이 웃음 짓는 일조차 거의 없다. 하물며 처음 만난 외국인에게는 더 심하다. 아마도 홀리 축제가 주는 두근거림 때문이었을지도 모르겠다. 아니면 내가 바주 샴이 데려온 세계의 일부여서 그랬을까?

우리가 떠나던 날 아침, 두르가는 헤어짐을 아쉬워하며 눈물을 흘렸다.

일본으로 돌아온 후, 때때로 내 방 소파에 앉아 <나무들의 밤>을 펼쳐 본다. 파트나가르 마을의 풍경과 사람들의 웃는 얼굴이 또렷이 떠오른다. 문득 그 모든 게 꿈이 아니었을까 싶다. 그러나 그것은 틀림없는 현실이었다.

나무는 그림처럼 무성했고, 새는 그림처럼 하늘을 날았고, 사람들은 그림처럼 노래했다. <나무들의 밤>은 지나간 신화에 대한 이야기가 아니라, 현실의 생생한 묘사였다.

타라북스와 일본의 예술가

2001년부터 2010년까지, 오프셋 인쇄로 찍은
타라북스의 책 일곱 권을 일본에서 발매했다.
그리고 2012년에는 타라북스의 핸드메이드
책을 일본에서 최초로 번역 출간했다.
다무라도에서 펴낸 <나무들의 밤>이 바로
첫 책이다. <나무들의 밤>은 현재까지 5쇄를
찍었고 일본 전역의 책 애호가를 매료시켰다.
타라북스와 일본의 유대관계는 의외로 깊다.

타타북스가 일본의 예술가

<나무들의 밤>에 매혹되다

✲

다무라 미노루, 아오키 게이토 (다무라도 출판사)

<나무들의 밤>은 2012년 출판사 다무라도에서 발간됐다. 타라북스의 핸드메이드 책은 유통 문제 등 몇몇 어려움 때문에 오랜 시간 일본에서 출판되지 못했다. 다무라도의 다무라 미노루, 번역을 맡았던 아오키 게이토에게 <나무들의 밤>과의 만남, 그리고 모두가 일본에서 출간하기 어렵다고 했던 핸드메이드 책을 발간하기까지의 여정을 물었다.

2017년 2월, 기타 울프의 자택에 초대받은
다무라 미노루와 아오키 게이토

타라북스와는 어떻게 만났나요?

다무라 볼로냐국제아동도서전에서 처음 만났습니다. 그 당시 저는 그림책과 아동서를 전문으로 하는 출판사에 재직하고 있었습니다. 아직 타라북스도 그리 유명하지 않았던 때였지요. 트렁크를 들고 우리 부스에 찾아와 책을 보여 주더군요. 전부 핸드메이드 책이었습니다. 정말 멋지다고 생각했지만 과연 일본에서 출판할 수 있을까 고민이 되더군요. 회사 내부에서 검토해 봤지만 타라북스의 책은 어린이책의 범주를 넘어섰기 때문에 우리가 출간할 수 있을지 망설여졌습니다. 그리고 당시 이미 회사를 떠날 생각을 굳힌 상태였기 때문에 도중에 무책임하게 남에게 일을 떠넘길 수 없었고요. 결국 그 상태로 아무 진전 없이 회사를 떠나게 됐습니다.

하지만 계속 신경이 쓰이더군요. 그래서 가끔 타라북스에 <나무들의 밤>의 진행 상황을 물어봤습니다. 그럴 때마다 매번 '일본어판 출간에 대한 이야기는 아직 없다'고 하기에, '다른 출판사와 연결해 줘도 되겠느냐'고 물었습니다. 그러자 '그렇게 해 주면 정말 기쁘겠다'는 답변이 돌아왔지요. 그래서 마치 에이전시라도 된 양, <나무들의 밤>을 들고 몇몇 출판사를 돌았습니다. 그러나 다들 비슷한 반응이었습니다. '대단한 책인 것은 잘 알겠지만 출판은 역시나 어렵다'는 대답이었죠. 몇 가지 이유가 있었습니다. 첫째로 인도에서 만든 책을 수입한다는 저항감, 그리고 또 하나는 예술 작품에 가까운 그 책을 어떤 식으로 팔아야 할지 모르겠다는 문제였습니다. 결국 제가 출판해야겠다는 결심을 하고 그 생각을 기타 울프 씨에게 전했습니다.

그러자 신생 출판사라 출판사로서의 실적이 전무했음에
도 불구하고 '부디 우리 책을 내주기 바란다'며 흔쾌히 대
답하더군요.

아오키 아마도 그럴 수 있었던 건, 기타 울프 씨가 도전정신
이 뛰어난 데다가, 메일을 주고받는 과정에서 우리를 신뢰
하게 되었기 때문이지 싶어요.

〈나무들의 밤〉 일본어판 초판은 몇 부 찍었습니까?

다무라 천 부 찍었습니다. 이래저래 걱정도 했지만, 2012년
7월에 출판해 3개월 만에 전부 팔았지요. 그런데 더 찍어
야 할지, 말아야 할지 망설였습니다. 중쇄를 찍게 되리라
고는 상상도 못 했거든요. 하지만 책을 기다리는 사람들이
있었기 때문에 다시 찍어야겠다고 마음을 굳혔습니다. 곧
바로 타라북스에 의사를 전했지요. 그러자 종이부터 만들
어야 하기 때문에 시간이 걸린다는 답변이 돌아왔습니다.
일본에서야 다들 천 부쯤이야 금방 찍을 것이라 여기겠지
만, 결국 2쇄를 발매하기까지 8~9개월 정도 걸렸습니다.
하지만 그 기간 동안 점차 책이 더 알려지면서 2쇄로 찍은
천 권이 매진되는 속도는 더 빨랐습니다.

타라북스를 일본에 알리기 위해 어떤 활동을 하셨나요?

다무라 여러 사람에게 알려진 계기는, 도쿄 기치조지에 위
치한 '아웃바운드'라는 편집숍에서 연 전시였습니다. 예전
부터 아오키와 인연이 있었던 아웃바운드의 주인 고바야
시 씨가 〈나무들의 밤〉을 한 달 동안 전시해 줬어요. 전시
회의 평판이 무척 좋았고 반향도 컸습니다. 아웃바운드를

찾는 사람들은 대부분 안목이 높기 때문에 그 소식이 널리 퍼져 나갈 수 있었다고 봅니다. 재밌는 점은, 아날로그 그 자체인 <나무들의 밤>이 SNS라는 최신 매체를 통해 알려졌다는 점이지요.

지금은 다른 출판사에서도 타라북스의 그림책을 출간했습니다. 하지만 다들 유통에 불편이 많았으리라 보는데, 어떠신가요?

다무라 '전례가 없다'는 것이 제일 큰 어려움이었으리라고 봅니다. 회사가 크면 클수록 일본에서는 그런 경향이 강하니까요. 아웃바운드에서 <나무들의 밤> 전시회를 했던 무렵, <물 속 생물들>의 출판도 이미 결정된 상황이었다고 합니다. 가와데쇼보신샤에서 그 책을 담당한 분도 힘든 일이 많았다고 들었어요.

인도에서 <나무들의 밤>을 출간하고 제가 그것을 번역 출판하기까지, 5년이라는 시간이 걸렸습니다. 타라북스가 갑작스레 주목을 받은 게 <나무들의 밤> 때문이기는 했지만, 거의 동시에 여러 사람이 타라북스에 흥미를 가지기 시작했다고 봅니다. 시대의 흐름 속에서 사람들이 그런 것을 원하기 시작한 건지도 모르지요.

2011년 동일본대지진의 영향도 크다고 할 수 있어요. 지진 뒤 저도 혼란스러웠고 <나무들의 밤>을 책상 위에 펼쳐 두고 한참을 바라보곤 했지요. 책이라는 게 꽤 힘이 되거든요. 테마가 나무라는 것, 곤드라는 소수 민족의 예술이라는 것, 소박하고 원시적인 자연관이 세련되게 묘사되어 있다는 것, 그리고 무엇보다 가장 크게 끌렸던 건 이 모든 것을 손으로 만들었다는 것이었습니다.

물론 기타 울프 씨의 역량은 대단히 우수합니다. 책의 기획자로서 멋진 일을 해냈다고 생각하지요. 하지만 기획자, 화가를 비롯해 만든 이의 생각을 초월한 것이 만들어졌다는 느낌을 강하게 받았습니다. 특별한 책이었죠. 처음 본 순간부터 그랬고, 그 마음은 점점 더 강해져만 갔습니다. 결국에는 내가 할 수밖에 없겠다, 그런 생각이 들게 만든 책이었으니까요. 당시 <나무들의 밤> 말고도 여러 책이 있었지만 제가 흥미를 느꼈던 것은 그 책뿐이었습니다.

일본어판이 완성되기까지의 과정으로 넘어가 볼까요?

다무라 <나무들의 밤>을 출판하겠다고 생각한 순간, 세키 유리오잡화 브랜드 '사루비아'의 대표이자 분야를 넘나들며 폭넓게 활동 중인 디자이너 씨에게 디자인을 맡겨야겠다고 생각했습니다. 타라북스와 마찬가지로 그 또한 '손으로 만든다'는 부분을 꽤나 중요하게 여긴다고 들었거든요. 바쁜 분이기에 조심스레 의견을 여쭤 보니 오히려 더 기뻐했고, 그 자리에서 바로 '이런 느낌은 어떠냐'며 초안을 그리기 시작했습니다. 손글씨 느낌의 타이틀 이미지가 그 순간 번쩍 떠오른 것 같았지요. 나중에 그는 우리 출판사의 로고까지 만들어 주었어요. 개업 축하한다며 전해 줬는데, 어찌나 감격했던지요.

번역에서는 어떤 점이 힘드셨는지요?

다무라 일단 제목부터 약간 갈등했습니다. 원제가 'The Night Life of Trees'이기 때문에 이걸 직역하면 '나무들의 밤의 삶'인데, '나무들의 밤'으로 단순하게 바꿨습니다. 나무라는 뜻의 여러 한자 중에서도 '樹'보다는 '木'가 좋겠다고 생각했습니다. 번역을 하며 원서에 등장한 나무들에 대해 여러모로 알아봤습니다. 기타 울프 씨는 물론, 인도의 식물에 대해 많은 저작을 남긴 니시오카 나오키 씨에게도 여쭤봤지요. 그러나 보리수나무 이외에는 나무 이름을 특정할 수가 없었어요. 니시오카 씨의 말에 따르면 인도에는 다양한 민족이 있고, 얼핏 같은 나무로 보여도 각각의 나무에 서로 다른 신앙이 깃들어 있기에 구체적으로 특정하기 어렵다고 하더군요. 영어판에서도 나무의 이름은 번역하지 않고 곤드족이 부르는 이름 그대로 표기하고 있었습니다. 기타 울프 씨와도 몇 번이고 의견을 주고받았는데, 실재하는 나무라기보다는 상상속의 나무라고 보고, 독자들이 각각의 세계관을 통해 느낄 수 있게 하는 게 더 좋다는 결론을 내렸습니다. 그리고 이 책의 바탕이 신화이기 때문에 단순하게 해석할 수 없다는 면에서 고생을 좀 했죠.

아오키 인도는 넓고, 여러 민족이 지닌 공통 인식이나 문화 배경을 모두 알 수는 없으니까요.

다무라 게다가 곤드족 사람들의 말로 전해지던 이야기를 기타 울프 씨가 영어로 바꾼 시점에서 이미 하나의 필터가 끼었다고 할 수 있습니다. 그런 이야기를 일본인인 우리가 가져와 곤드족을 상상하며 재구성할 수밖에 없는 과정이지요. 그렇기 때문에 직접 설명하기보다는 독자가 각자의 상상력을 펼치며 읽는 게 가장 좋다고 판단했습니다.

아오키 완벽할 수도 없고, 정확하기만 해서 되는 것도 아니었습니다. 의미 전달을 우선해 명확하고 건조한 단어를 쓰

타라북스와 일본의 예술가

고 싶기도 했지만 텍스트가 짧은 만큼 심플하면서도 깊은 맛이 나는 단어를 선택하자고 마음먹었습니다. 아이들도 책의 의미를 이해할 수 있었으면 하는 마음에서 소리 내어 읽으며 리듬을 고려하기도 했죠. 의미의 폭이 광범위한 단어를 번역하기 위해 어쩔 수 없이 그 폭을 한정할 수밖에 없는 경우도 있는데, 그럴 때일수록 문장의 깊이가 흐트러지지 않도록 주의했습니다. '번역가는 배신자'라는 유명한 표현이 있듯, 번역가는 원래의 세계를 배신할 수밖에 없는 사람이라고 생각합니다. 어쩔 수 없는 부분이 있죠. 백 명의 번역가가 있으면 백 개의 번역본이 있듯, 배신할 용기가 없다면 번역 같은 건 불가능합니다. 그러나 그렇게라도 번역을 하지 않으면 그 내용을 사람들에게 전달할 수 없으니까요.

실제로 타라북스를 방문했을 때 어떤 느낌을 받았나요?

다무라 출판사라기보다는 '활동가 단체'라는 느낌이었습니다. 작가가 체재할 수 있는 손님방도 있고 여러 이벤트와 워크숍도 하고 있었고요. 출판사의 규모까지 포함해 이상적인 출판사라는 느낌이 들었습니다. 여성 중심으로 일한다는 것도 인도에서는 혁신적인 점이었지요. 소수 민족 예술가들에게도 정확하게 인세를 지급하는 곳이고요.

아오키 제 생각도 마찬가지입니다. 꿈에서나 볼 법한 회사였어요. 인도에서는 약자가 착취당하는 경우가 압도적으로 많으니까요. 출판사의 위치도 정말 좋았고, 옥상에는 태양광 발전 패널도 있어요. 일본 출판사보다 훨씬 더 좋은 작업 환경이지요.

다무라 얼마 전 기타 울프 씨와 친분이 있던 한 지인에게 그의 말을 전해 들었습니다. '하나의 조직으로서, 구성원들의 경제 생활까지 고려해 제대로 된 판단을 내려야 한다'는 이야기였는데, 회사를 끌고 가려면 물론 힘든 부분도 있을 겁니다. 제대로 수익을 올려야만 하기 때문이지요. 하고 싶은 일만 해서는 회사 운영이 어려울 게 분명하고요.

일본 독자의 반응은 어땠습니까?

다무라 이미 영어판으로 <나무들의 밤>을 알고 있던 독자도 있고, 전체 분위기가 훈훈했습니다. '서점에서 우연히 만났고, 첫눈에 반했다'는 분이 많았습니다. 독자 메일도 많이 받았는데 '보물 같은 책이다. 출판해 줘서 고맙다'는 감사 의견이 대부분이었습니다. 본인 소장용과 함께 선물용으로 두 권씩 사는 분도 많았고요.

아오키 게다가 판본마다 수집하는 분도 계시다고 들었어요. 판이 바뀔 때마다 표지가 달라지거든요.

다무라 2017년 가을쯤, <나무들의 밤> 6쇄가 나올 예정입니다. 5쇄를 마지막으로 그만 찍을 생각이었지만 세월이 지나면서 타라북스와 새롭게 만나는 사람도 있으니까요. 새로 찍는 데 6개월이나 걸리지만, 타라북스의 책을 원하는 사람들은 그 시간을 기꺼이 받아들입니다. '타라북스의 속도가 좋다'거나 '기다리는 시간이 있다는 것도 소박한 행복이다'라고 말합니다. 속도를 중시하는 지금의 일본에서는 신기한 일이죠. 이런 걸 보면 출판 역시 새롭고 빠른 것만이 정답은 아니에요.

앞으로도 타라북스의 책을 출간할 예정인가요?

다무라 2017년 5월, <해와 달>이라는 그림책을 펴냈습니다. 이 정도에서 일단락해도 좋지 않겠냐는 생각도 있지만 아직 확정된 것은 없습니다. 타라북스의 대리 출판사가 되길 바라는 것도 아니니까요. 그렇다고 다무라도가 기획한 책만을 죽죽 내며 달려야겠다는 생각도 없습니다. 혼자서 가능한 범위에서 재밌는 일을 찾아 할 수 있으면 좋겠어요.

그리고 타라북스의 책을 최초로 발굴한 사람이 나라는 생각은 전혀 하지 않습니다. 저 혼자서 전부 다 출간할 수도 없거니와 다양한 출판사를 통해 더 많은 사람들 손에 타라북스의 책을 전할 수 있다면 그걸로 충분하다고 생각하니까요.

2017년 2월, AMM 스크린즈에서 제작 중이던
일본어판 <해와 달>

아오키 규모를 크게 키우지 않겠다는 면에서는 저희도 타라북스와 닮았을지도 모르겠네요.

다무라 미노루
후쿠인칸쇼텐에서 그림책과 어린이책을
편집했다. 2012년, 타라북스의
<나무들의 밤>을 일본에서 간행하기 위해
다무라도를 설립했다. 현재 <세상의 시작>,
<눈이 내리고 있다> 등을 발간했다.

아오키 게이토
번역가. 다무라도에서 간행된
<나무들의 밤>, <세상의 시작>, <눈이 내리고
있다>, <해와 달>을 번역했다.

예술가들과 국경을 뛰어넘는 교류

☀

마쓰오카 기요코(이타바시 구립 미술관 부관장)

현재 일본 작가가 타라북스와 함께 제작 중인 그림책은 네 권이다. 그중 한 권인 <똑똑! 똑똑!>은 2015년 일본 출판사 가와데쇼보신샤에서 <곰은 어디에 있을까?>라는 제목으로 출간됐다. '왜 일본 작가들이 인도의 출판사와 작업을 할까?' 라는 의문이 생기는 것도 무리는 아니다. 그것을 가능케 한 인물은 이타바시 구립 미술관 부관장이자 기타 울프와 친교가 두터운 마쓰오카 기요코다.

2016년 12월, 첸나이를 처음 찾은
마쓰오카 기요코

타라북스의 책을 처음 접했을 때 어떤 느낌이었나요? 그리고 가장 좋아하는 타라북스의 책을 고른다면요?

일단은 냄새였습니다. '이 냄새는 판화 작업하는 곳의 냄새다! 실크 스크린의 냄새다!' 이 생각이 제일 먼저 들었지요. 만져 보니 종이도 폭신폭신했고, 그림이나 다른 어떤 것보다도 '물건'으로서의 존재감이 강하게 다가왔습니다. 생각보다 가격도 훨씬 저렴해서 '이 품질에 이 가격?'이라는 느낌도 받았죠.

한 권을 고르자면 <쓰나미 Tsunami>입니다. 기타 울프가 보여 줬던 이야기꾼 영상'Tsunami (a book by Tara Books)'라는 제목으로 유튜브에 영상이 올라가 있다. 타라북스 공식 계정에서 업로드한 영상이다이 엄청나게 매력 있었죠. 화자마다 조금씩 덧붙이며 전해 내려온 이야기라고 했는데, '이야기를 한다'는 것의 원점을 본 기분이었습니다.

타라북스와 기타 울프 씨와는 어떻게 만났나요?

2008년 볼로냐 도서전에서 <나무들의 밤>이 볼로냐 라가치상 뉴호라이즌 부문볼로냐 도서전에 출품한 도서 중 우수작품을 선정해 수상하는 상. 그중 뉴호라이즌상은 라틴아메리카, 아시아, 아랍, 아프리카의 출판물을 대상으로 한 상이다 우수상을 수상하며 타라북스를 처음 알게 됐죠. 단발머리를 한 아름다운 여성이 수상식 자리에 올라가던 것이 기억나네요. 아마도 그때 기타 울프 씨를 처음 봤을 거예요. 그 이후, 2010년에는 <하다!>로 2012년에는 <물 속 생물들>로 타라북스가 연달아 수상을 하며 사람들에게 상당한 주목을 받았죠.

2008년부터 타라북스는 제본가 고마가타 가쓰미 씨가 이

끄는 '원 스트로크' 출판사와 함께 '스몰 월드'라는 합동 부스로 북페어에 참가했습니다. 제가 고마가타 씨와 가까운 사이였기 때문에 자연스레 그들과 가까워졌습니다.

지금처럼 같이 일하게 된 건 2013년부터였습니다. 2012년, 볼로냐 도서전의 심사위원을 결정하는 자리에 기타 울프 씨를 추천했고, 추천이 통과되어 그에게 심사위원을 부탁했죠. 심사위원으로 나흘 동안 함께 지내면서 처음으로 그와 제대로 된 이야기를 나눌 수 있었습니다. 작품을 보는 힘, 다양한 취향을 유연하게 받아들이는 부분은 물론, 인품도 훌륭한 사람임을 알게 됐습니다. 그래서 우리 미술관에서 매년 개최하는 '볼로냐 도서전 그림책 원화전' 워크숍 프로그램인 '여름의 아틀리에' 강사로 초빙했습니다.

'여름의 아틀리에' 강사 선정 기준은 무엇인가요?

정해진 기준 같은 건 거의 없어요. 직감이죠. 하지만 신기하게도 다들 좋은 사람이었다는 공통점이 있네요. 열정 넘치고 비즈니스에 얽매이지 않는 사람들. 만약 '여름의 아틀리에'를 비즈니스라고 생각한다면 아마 참가하지 못할 거예요. 강좌는 화요일부터 토요일까지지만, 그 전날에는 사전 미팅, 일요일에는 일반인 대상 강연회가 있기 때문에 실제로는 꽉 채운 일주일이죠. 강좌 당일 스케줄을 보면, 9시에 모여서 10시부터 4시까지 수업을 하고 그 뒤에는 회식 자리가 이어집니다. 강좌는 매일 같은 시간대에 열리지만 다들 늦게까지 남아 있기 때문에 결국 하루 종일 미술관에 있게 되죠. 호텔은 제공하지만 강사료도 적기 때문에, 일정 부분에서는 서로 신뢰에 의지하는 부분도 크죠.

항공권도 강사 쪽에서 최저가를 찾게 하고 나중에 정산해 주는 식이니까요. 이러한 조건에도 이해하고 받아 주는 분이 있기 때문에 진행할 수 있는 프로젝트예요.

워크숍 내용에 대해 기타 씨와 어떤 의견을 나누셨나요?

'과제를 내주며 강의를 진행하는 게 좋겠다'는 식으로, 큰 틀에 대해서만 이야기했습니다. 개강 바로 전날 미팅에서 '책의 형태를 추구한다'는 테마로 강좌를 어떻게 진행할지 구체적인 이야기를 나눴죠. 첫날, 책과 인쇄의 역사 같은 기본적인 이야기를 다양하게 해 줘서 무척 좋았어요. 아마도 기타 울프 씨의 내면에서도 그런 인식이 고조되던 시기였다고 생각합니다. 상형문자나 설형문자, 판자를 이어 붙인 글자책과 석판에서 시작해 지금 책의 형태까지 거슬러 올라왔는데, 말하자면 '책의 형태'에서 '책'을 해방시켜, 소재나 형태에 얽매이지 말고 자유롭게 책을 만들어 보자는 워크숍이었습니다. 책으로 만들고 싶은 소재를 각자 가져와서 토론하거나, 단어나 그림책에 관한 이미지워드를 생각해 보게 하는 단어 게임 같은 시간도 있었습니다.

수업 내용은 어떻게 정하셨나요?

아무리 다양하게 생각해도 매년 그대로 진행되지 않는 경우가 많기 때문에, 그날 강의 분위기로 다음 날 강의를 결정합니다. 기타 울프 씨의 경우, '일러스트레이티는 개인 작업이 많은 고독한 직종이니 이번 기회에 그룹 작업을 해 보면 어떨까' 하고 생각했던 모양입니다. 타라북스는 현지 예술가들과 토론하며 방향성을 찾아가는 곳이니 아마 그런 배경도 있었을 테고요.

그는 수강생들과도 즐겁게 교류했습니다. 모두의 작품에서 장점을 찾아 대단하다고 평가해 주었죠. 마지막 발표회 뒤 기타 울프 씨가 이런 말을 했어요.

"여러분. 다들 책이 완성되면 타라북스로 보내 주세요. 완성하지 못하는 분도 계시겠지만, 아무튼 작품이 다들 훌륭하기 때문에 모두의 완성품을 받아 보고 싶네요. 지금은 강사와 수강생이라는 형태로 만나고 있지만, 앞으로는 편집자와 일러스트레이터로 교류하고 싶어요."

수강생 전원이 감동했지요. 그리고 그는 또 한마디 덧붙였습니다.

"타라북스에는 예술가가 머물 공간도 준비되어 있습니다."

그리고 얼마 뒤 일러스트레이터 오구마 고키 씨와 디자이너 사이토 나호 씨가 인도로 날아갔습니다. 그 이후 다카하시 가오리 씨도 단기간 타라북스에 머물렀지요. '여름의 아틀리에'를 통해 가장 먼저 출간된 작품은 다카하시 가오리 씨의 <똑똑! 똑똑!>입니다. 원래는 그의 대학원 졸업 작품이었는데, 워크숍 당시부터 완성도가 높았죠.

기타 울프 씨와 이야기를 나누며 받았던 인상은 어떠한가요?

무척 지적이고 멋졌어요. 그리고 또 하나는 불의에 맞서 싸우고 있다는 느낌을 물씬 받았습니다. 우리는 인도에 대해 한정된 것밖에 알 수 없고, 그저 개념 정도로만 이해하고 있지요. 인도 사회 안에서 그가 하는 방식으로 일하는 것이 얼마나 어려운지, 일본에 사는 우리는 도무지 알 수가 없습니다. 그러나 그것을 깨닫고부터 그의 복장이나 헤어스타일도 달라 보였어요. 그 모습에도 그의 사상과 생각이 들어가 있었습니다.

저는 직업상 외국에 나갈 때마다 여러 미술관을 관찰합니다. 특히 미술관 아트숍을 주목하는데, 각국 미술관 아트숍의 선반에서 타라북스 책을 자주 발견했죠. 자기 나라의 일상을 가져와 세계 어디서든 통할 수 있는 것으로 만들어 낸다는 것, 그리고 그것을 자신 있게 알릴 수 있다는 점이 정말 대단합니다. 어느 날 그가 했던 이 말이 무척 인상 깊었습니다.

"인도에서는 장인의 지위가 낮아요. 아무리 훌륭한 것을 만들어도 사회에서 인정받지 못하죠. 더 큰 문제는 그들이 그것을 원하지도 않고, 원할 줄도 모른다는 점입니다. 그래서 내 손으로 완성도 높은 것을 만들어 보자는 생각을 좀처럼 하지 못하는 것이기도 하고요."

그러면서 그가 인도의 공예품 하나를 건네줬습니다. 만듦새가 나빠 금세 망가진다고 했죠. 인도 어디서나 팔고 있는 흔한 공예품인 모양이었습니다.

일본의 장인은 어느 정도의 지위가 있고, 존경도 받지만 인도에서는 그렇지 못합니다. 하지만 타라북스는 그들과 제대로 대화하고, 그들의 권리와 지위를 소중히 생각합니다. 이런 모습을 보면 타라북스는 단순한 출판사라기보다는 사회운동 단체 같다는 생각도 듭니다.

타라북스는 출판을 통해, 자신이 목표하는 사회의 한 형태를 만들어 가기 위해 활동하고 있습니다. 그리고 그 중심에 기타 울프 씨가 있죠. 알면 알수록 멋진 사람입니다.

마쓰오카 기요코

1961년 도쿄 출생. 이타바시 구립 미술관
부관장. 지바대 대학원 졸업 뒤 1986년부터
이타바시 구립 미술관에서 연구원으로
근무했다. 1989년부터 이탈리아 볼로냐
도서전을 담당했다. 전람회 기획, 운영,
워크숍 등 그림책 작가 육성을 위해 힘쓰고
있다. 레오 리오니, 세가와 야쓰오, 토미 웅거러,
브루노 무나리 등 그림책 작가의 전모를
파헤치는 전시회 시리즈를 개최했다. 볼로냐
도서전과 브라티슬라바 일러스트레이션
비엔날레 심사위원을 맡았고, 2010년에는
국제아동도서평의회 IBBY의 이사로 선출됐다.

타라북스에서 나만의 책을 만들다

✸

오구마 고키(일러스트레이터, 보육원 교사)
사이토 나오(디자이너, 건축가)

오구마 고키와 사이토 나오는 이타바시 구립 미술관의 워크숍 '여름의 아틀리에'에서 타라북스와 만났다. 특히 이두 사람은 제법 긴 시간 동안 타라북스에 머물며 그림책을 제작했고 현지에서의 워크숍도 경험했다. 타라북스와 작가들이 긴밀히 소통하며 만든 책은 과연 어떤 책일까?

타라북스 건물에서 회의 중인 오구마 고키

타라북스와 어떻게 만났습니까?

오구마 원래 그림책에 흥미가 많았어요. 그래서 볼로냐 도서전의 원화전을 보러 가기도 했고, '여름의 아틀리에'에도 몇 번인가 참가한 적이 있었죠. 그렇다고 타라북스에 대해 늘 의식하고 지냈던 건 아니었습니다. 어느 해인가, 이타바시 구립 미술관에서 봤던 아름다운 핸드메이드 책이 머릿속에 남아 있긴 했지만요. 기타 울프 씨와는 2013년 '여름의 아틀리에' 워크숍에서 처음 만났습니다.

사이토 이전에도 볼로냐의 원화전을 보러 다니기는 했지만 '여름의 아틀리에'에 참가하기 전까지는 타라북스를 전혀 몰랐어요. 어느 날 이타바시 구립 미술관 홈페이지에서 그림책 관련 워크숍을 한다는 소식을 접했습니다. 그게 바로 '여름의 아틀리에'였죠. 기타 울프 씨가 강의하는 워크숍의 테마가 '책의 형태를 탐구한다'는 것이었는데, 그 콘셉트를 읽다가 제가 추구하는 디자인과 공통점을 발견했어요. 무척 흥미가 생겼죠. 엄마와 아이가 같이 그림책을 읽다 보면 스토리를 따라가다가 점점 이야기의 폭이 넓어지잖아요? 제가 하는 일이 미술관이나 건축 공간 안에 놓일 가구나 전시물의 디자인인데, 그림책처럼 기능하는 무언가를 만들고 싶다고 평소에 생각했거든요.

오구마 씨는 언제부터 그림을 그리셨나요?

오구마 초등학교 때부터 그렸습니다. 고등학교를 졸업하자마자 바로 그림 전문학교에 입학했고, 졸업 후 한동안 빈둥대다가 스물다섯 살에 보육 일을 시작했습니다. 지금은 보육사 국가자격증도 취득했어요. 그림과 보육 일을 병행하고 있죠.

그림책에 흥미를 갖기 전에는 회화, 특히 추상화가 좋았습니다. 대학 때도 일러스트레이션 말고 내도록 추상화만 그렸어요. 그런데 직업상 아이들을 돌보는 일을 하다 보니 그림책에 관심이 가기 시작했어요. 특히나 초 신타 씨의 작품이 너무 좋아서 흥미가 점점 커졌죠. '여름의 아틀리에'에 참가했던 무렵부터 화풍도 꽤 많이 바뀌었고요.

'여름의 아틀리에' 워크숍에서 출간하고자 하는 그림책의 기본이 만들어졌나요?

오구마 '여름의 아틀리에'는 5일간의 일정으로 진행됐습니다. 처음 3일 동안은 서너 명씩 그룹 작업을 했기 때문에 일단은 각자가 원하는 것을 가져와서 이야기를 나누는 형식이었지요. 그림책이라는 게 기본적으로는 혼자 하는 작업이잖아요? 그래서 기타 울프 씨는 대화를 통해 무언가를 만들어 가는 과정을 경험하길 바랐던 모양이에요. 3일 뒤, 혼자 작업할지 팀으로 계속할지 선택할 수 있었는데 저는 팀을 선택했습니다. 그러니까 거기서 완성했던 것이 제 그림책의 원형은 아니었지요.

워크숍 기간 중, 저희들은 자신의 포트폴리오를 기타 울프 씨에게 보여 줬어요. 제 포트폴리오를 보고는 '아이가 그린 것 같은 느낌이 들어서 참 좋다'며 몇 번이나 칭찬했어요. 그에게 보여 줬던 건 그림책은 아니었고, 일러스트레이션에 재밌는 제목이나 스토리를 붙인 연작이었죠. 그런데 제 포트폴리오를 보고 기타 울프 씨가 이런 말을 했습니다.

"이 그림들을 연결해 보면 어떨까요? 마을에 이런저런 재
밌는 사람들이 살고 있다는 이야기를 만든다면 책이 될 것
같은데요? 함께 책을 만들어 보고 싶군요."

그것이 시작이었죠.

사이토 저도 마찬가지였어요. 저 역시 그룹 작업을 선택했
기 때문에 그 결과물 때문은 아니었고, 제 개인 포트폴리
오를 보여 줬던 것이 타라북스에서 책을 만들게 된 계기였
습니다. 예전에 디자인했던 가구, 박물관을 위해 디자인
했던 '입체 지도' 사진을 보여 주며 이런저런 이야기를 나
눴죠. 박물관의 입체 지도는 일본 전통공예 장인과 의견을
나누며 시행착오 끝에 완성했습니다. 그 지도 조각의 사
진만 보고도 그는 그 장소가 무엇을 위해 마련된 장소인지
정확히 이해하는 것 같았어요. 프로젝트 진행 과정을 담은
사진을 함께 보며, 전통 수공예품을 현대의 문맥으로 바꿔
나가는 감각, 팀을 짜서 일을 해 나가는 방법, 각자가 아름
답다고 생각하거나 소중하다고 느끼는 것들에 대해 여러
이야기를 나눴지요. 서로에게 깊이 공감했던 시간이었습
니다. 우연찮게도 그날 아침, 전철을 타고 오면서 이런 생
각을 했었습니다. '기타 울프 씨와 일할 수 있다면 좋겠다'
고 말이죠. 하지만 그저 생각이었을 뿐 어떤 식으로 실현
해야 할지는 막연했지요. 그런데 워크숍 말미에 이런 말을
해 줘 깜짝 놀랐어요.

"첸나이에 와서 책을 만들어보지 않을래요? 함께 좋은 책
을 만들어 봅시다."

아침에 싹튼 생각에 뚜렷한 형태가 생기는 느낌이었어요.
그 자리에서 바로 "네! 꼭 그러고 싶어요!"라고 대답했죠.

책은 어떤 식으로 제작했습니까?

오구미 인도로 가기 전, 서툰 영어로 쓴 줄거리를 메일로 보내면, 그가 수정해서 다시 보내 주는 작업을 반복했습니다. 그림은 거의 다 완성한 상태였지만 인도에 머물면서 다양한 의견을 반영해 다듬는 작업을 했죠.

타라북스 건물의 이벤트 공간에 현지 아이들을 초대해 제 작품을 기반으로 한 워크숍을 하기도 했습니다. 그 외에도 현지의 초등학교를 방문해 아이들과 워크숍을 하며, 거기서 얻은 힌트로 새 책을 만들어 보자는 이야기도 있었습니다. 그래서 6개월의 체재 기간 중 초반 2~3개월 동안은 여러 학교를 찾아가 그림을 그리고, 사진을 찍고, 아이들에 대해 기록하는 시간을 가졌어요. 나머지 기간에는 그림책에 넣을 그림을 그렸고요. 편집자와 많은 이야기를 나눴고 시간을 들여 작품을 다듬어 갔습니다. 타라북스에서는 당연한 일이겠지만, 이런 식으로 작업한다는 게 어디서나 가능하지는 않을 거예요. 작가의 매력을 끌어내기 위해 최선을 다한다는 점. 이것이 기타 울프 씨와 V. 기타 씨가 지닌 기본 자세라고 생각합니다.

사이토 타라북스로 날아가기까지 3개월의 여유가 있었습니다. 저로서는 처음 가보는 인도였기 때문에, 혼자서 어디까지 움직일 수 있을지, 무엇이 가능할지 전혀 가늠이 되지 않았어요. 결국 어떤 책을 만들지 구상도 끝내지 못한 채 인도로 날아갔습니다.

"일단은 인도 생활에 익숙해지도록 주변부터 탐색해 보세요."

타라북스에 도착한 날 기타 울프 씨에게 들은 말이었습니다. 그래서 처음 나흘 동안은 직원들과 인사를 나누고, 타라북스의 책을 읽고, 거리를 산책하며 보냈어요. 그리고 주말쯤, 같은 시기 타라북스에 체재 중이던 영국인 디자이너와 함께 근처 해안을 산책했습니다. 두 시간 정도 걸었던 것 같아요. 그 긴 산책 뒤, 그 디자이너의 지인인 젊은 부부의 집에 들러서 함께 저녁을 먹었죠. 그때 문득 '가장 먼 곳을 여행하는 이야기. 그런 책을 만들어야겠다'는 생각이 들었습니다.

거리를 걷는다는 건 건물의 외부를 스쳐가며 걷는 행위죠. 그 바깥에서 한 발 안쪽으로 들어설 수 있는 이유는 뭘까, 내내 그런 생각이 머리를 맴돌았어요. 누군가가 내게 문을 열고, 받아들였기 때문에 비로소 그것이 가능할 수 있었다는 생각이 들었습니다. 그렇기 때문에 누군가의 부엌이야말로 내가 여행할 수 있는 가장 먼 곳이 아닐까라는 생각에 이르게 됐죠. 원래부터 요리를 좋아했고, 먹는다는 행위를 커뮤니케이션의 도구로 정의한 프로젝트를 진행한 적도 있었기 때문에 그런 생각이 더 자연스럽게 들었던 것 같아요.

인도에 온 지 5일째 되던 날 아침, 기타 울프 씨를 비롯한 타라북스 사람들과 첫 미팅을 가졌습니다. 그 미팅을 위해 '해안선이 거리로 확장되어 가는 그림책' 아이디어와 '부엌을 여행하는 그림책' 아이디어, 이렇게 두 가지 스케치를 그렸어요. 해안선 아이디어에 대해 잠시 이야기를 나누고 스케치북을 넘겨 부엌 스케치를 보여 준 순간 "이걸로 하자"며 곧바로 책의 콘셉트가 결정됐지요. "'부엌을 여행한다'는 아이디어의 가장 큰 장점은 바로 내일부터라도 여행이 시작될 수 있다는 거예요." 이렇게 말하던 타라북스 사람들의 모습이 무척이나 인상 깊었죠.

타라북스에 머무는 동안 가장 인상 깊었던 장면이 있었다면요?

사이토 타라북스에 머무는 동안 '부엌 여행'의 책 작업 외에도 여러 가지 일을 했어요. 타라북스의 카드 패키지를 디자인하기도 했고 워크숍이나 전시회가 열리면 기록 사진을 찍기도 했습니다. 기타 울프 씨는 누군가의 내면에 숨어 있는 재능을 꺼내는 데 탁월한 능력이 있어요. 마침 그때쯤 해외 배송에도 버텨 줄 튼튼하고 멋진 카드 박스를 만들자는 계획이 있었는데, '평면과 입체를 오가는 디자인에 탁월한 소질이 있다'며 그 디자인을 제게 맡겼죠. 첸나이 북쪽에 있던 도매 거리로 재료를 찾으러 가는 것부터 시작해, 박스를 조립하는 분들과 상의해 조립하기 어려운

**사이토 나오는 3개월 반 동안
스물한 곳의 부엌을 찾았다.**

몇 군데를 수정해서 카드 박스를 완성했습니다.

오구마 저는 기타 울프 씨와의 추억 한 대목이 떠오르네요. 제 생일을 축하한다며 처음으로 그가 저를 집으로 초대했어요. 다양한 이야기를 나누던 중 불현듯 그가 제게 이렇게 물었습니다.

"고키 씨는 일본인이니까 '친도고'가 뭔지 알죠?"

그게 뭘까 싶어서 되물었더니 책을 한 권 가져왔고, 표지에 커다랗게 '친도구珍道具, 일반적이지 않은 희귀한 도구나 기발한 아이디어 상품'라는 제목이 찍혀 있었어요. '친도구'라는 발음을 '친도고'라고 기억하고 있었던 거죠. 책을 펼쳐 보니 아시아 쪽의 기발하고 재밌는 아이디어 상품을 소개한 책으로, 책의 내용과 사진에 다들 폭소가 터졌지요. 의외로 이런 키치한 것도 좋아하는구나 싶어서 재미있었죠. 하지만 생각해 보니, 제 그림도 약간 난해한 부분이 있거든요. 아마도 그가 그런 감성을 갖고 있기 때문에 제 그림 스타일도 받아들일 수 있던 거구나, 그런 생각이 들었습니다.

기타 울프 씨 또는 타라북스에서 일하는 사람들과 만나면서 무엇을 느꼈나요?

오구마 출판사를 끌고 갈 정도의 에너지가 있는 사람이라는 건 너무 당연하겠고, 제가 보기에 기타 울프 씨에게는 세 가지 면이 있는 것 같아요. 첫째는 어떤 사람이든 받아들일 줄 아는 포용력. 집으로 초대해 밥을 차려 준다거나, 다정한 면도 여기에 속합니다. 둘째는 일에 있어서 빈틈이 없다는 점. 그리고 또 하나는 약간 괴짜 기질이 있다는 점. 어딘가 엉뚱하다고나 할까요? '해야겠다'는 결정을 내리면 주변을 보지 않고 일단 무조건 달려간다는 느낌이었습니다. 이런 점들이 그 특유의 기질이지 않을까 싶네요.

V. 기타 씨는 주변을 잘 돌아보는 것 같아요. 워크숍 아이디어 회의를 할 때, 기타 울프 씨는 기분이 고조되면 '이건 뭐냐? 저건 뭐냐?' 하며 갑작스레 깊이 치고 들어올 때가 있어요. 그럴 때마다 V. 기타 씨가 이성적으로 그의 감정을 가라앉혀 주고는 했습니다. 늘 상황을 주시하며 지원할 줄 아는 사람이라는 느낌이었지요.

사이토 기타 울프 씨와 V. 기타 씨는 애정이 깊은 사람들입니다. 타라북스에 머무는 동안 종종 그런 느낌을 받았죠. 기타 울프 씨 책상 옆 벽에는 '여름의 아틀리에' 단체사진이 붙어 있어요. 도쿄는 첸나이에서 정말 먼 곳이죠. 첸나이에 와 보고 나서야 새삼 그 사실을 깨달았는데, 그 먼 곳에서 했던 워크숍이 얼마나 재미있었는지, 거기에서 얼마나 멋진 만남을 얼마나 자주 경험했는지, 어떻게 일본인 예술가들과 책을 만들기로 했는지, 그가 겪었던 도쿄에서의 나날을 모두에게 생동감 있게 전하는 장면을 가끔 목격하기도 했죠. 그리고 그때마다 V. 기타 씨는 기타 울프 씨의 경험을 진심으로 함께 즐기는 모습이었어요. 본인이 체험하지 못한 것에서 기타 울프 씨만큼 소중한 가치를 발견해 내는 건 대단한 상상력이라고 생각해요. 그리고 그는 기타 울프 씨가 함께 책을 만들 파트너로 선택한 사람들을 조건 없는 애정으로 환영합니다. 그들이 두 손 벌려 환영해 줬기 때문에 다른 직원들도 자연스레 열린 마음으로 저를 받아들여 줬구나, 그런 생각이 들었어요. 아루무감 씨는 함께 무언가를 만들 때 즐거운 사람입니다. 제 의도를 순식간에 이해하고 '자, 이렇게 하자'며 바로 피드백을 줬거든요. 매일같이 제일 먼저 사무실에 도착하던 그와 나눈 수다를 떠올리다 보니 타라북스의 아침 풍경도 덩달아 떠오르네요. 다들 그립습니다.

오구마 고키
일러스트레이터, 예술 강사, 보육사.
보육원에서 일하며 그림을 그리고 있다.
2010년 '1 WALL' 파이널리스트 그룹전,
'GEISAI 현대예술제전'에서 이토 히로시 상,
2016년 제7회 '일러스트 노트전'에서 우수상을
수상했다. 타라북스 책 중 좋아하는 책은
<악어를 잡아라 Catch that Crocodile!>와
<나무 위의 호랑이>다. 2017년 타라북스에서
<이발사의 딜레마와 만마루 거리 이야기
The Barber's Dilemma And Other Stories From
Manmaru Street>라는 그림책을 펴냈다.

사이토 나오
디자이너, 건축가. 헬싱키 예술 디자인 대학
공간디자인 전공 석사과정 수료. 박물관,
미술관, 건축 공간을 위한 가구 디자인과 전시
디자인을 하고 있다. 주요 작품으로는 '손으로
만지는 작은 원예미술관', 도쿄국립박물관의
'만지는 지도' 등이 있다. 타라북스에서
좋아하는 책은 <내 붓 가는 대로>, <미나
부족 여성의 애니멀 아트 Nurturing Walls –
Animal Art by Meena Woman>다. 2017년
타라북스에서 <남쪽 인도 부엌 여행 Travels
Through South India Kitchen>을 펴냈다.

작게 존재한다는 것

＊

기타 울프와 V. 기타는 타라북스의
핵심인물이다. 두 사람은 1995년 타라북스를
창업했고, 그 이후 다양한 인연을 맺고
시행착오를 겪으며 지금의 타라북스로
만들어 왔다. 인도라는 국가 자체가 변하기
시작한 최근 20년. 그 시절을 함께한 그들은
출판과 노동, 그리고 인도 사회에 대해
어떻게 생각하고 있을까?

타라북스 공동대표 기타 울프(오른쪽)와 V. 기타(왼쪽)

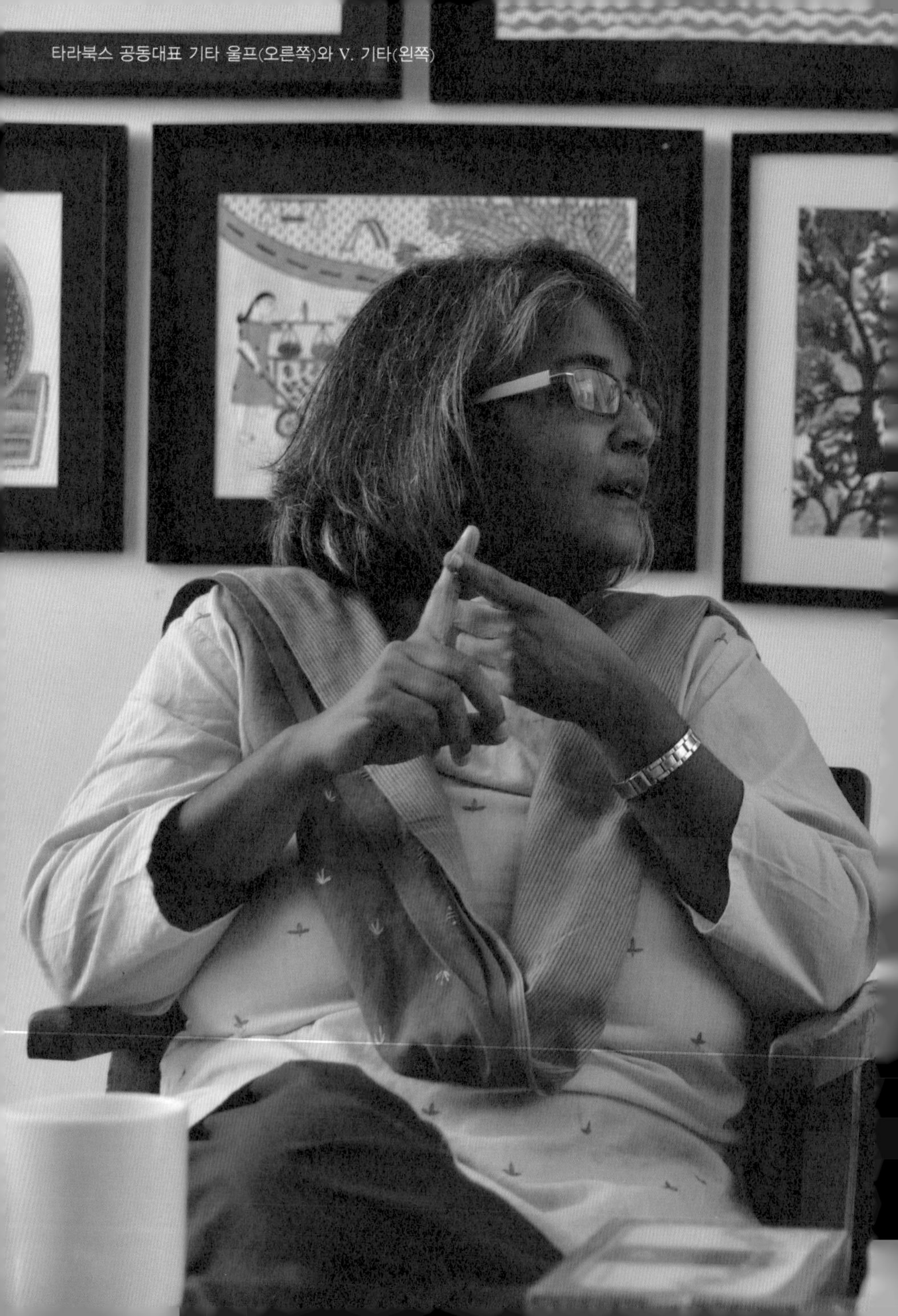

기타 울프 인터뷰를 시작하기 전에 질문 하나 해도 될까요? 왜 우리 출판사에 대한 책을 만들 생각을 했는지, 그 이유가 궁금합니다.

일단은 우리가 좋아하는 타라북스를 다른 사람들에게 알리고 싶다는 마음이 제일 컸습니다. 그리고 또 하나, 일본 출판계에 종사하는 사람들은 늘 일에 쫓기고 정보의 홍수 속에 허덕입니다. 타라북스 같은 방식으로 책을 만들기는 어렵죠. 출판 일을 하는 입장에서 보면 타라북스에서 책을 만드는 방식은 하나의 이상적인 방식이기도 합니다.

기타 울프 그렇군요. 잘 알겠습니다. 그 이야기를 미리 듣고 싶었어요.

최근에는 질보다 속도나 유행을 우선으로 만든 책이 많습니다. 서점에 가면 어마하게 많은 책이 있지만 자신이 정말 원하는 책은 별로 없다고 느끼죠. 많은 사람의 공통된 생각입니다.

V. 기타 전 세계 어디든 마찬가지 아닐까요? 싱가포르에서 기노쿠니야 서점일본의 대형서점 체인에 간 적이 있는데, 엄청난 책의 양에 압도됐던 기억이 있어요. 하지만 4층 건물 분량의 책들 중 3층 분량 정도는 '정크'라는 생각이 들더군요.

타라북스는 어떤 책을 만들어 왔는가

◉

타라북스에서는 아이를 대상으로 한 책부터 성인을 대상으로 한 책, 그림책부터 활자책, 예술 분야에 이르기까지 다양한 장르의 책을 만들고 있습니다. 프로젝트를 시작할 때 기준은 무엇입니까?

작게 존재한다는 것

기타 울프 창업 초반에는 그 책이 재미있는가, 흥미로운가의 여부가 가장 큰 기준이었어요. 하지만 시간이 흐르고 이래저래 실제로 해 보며 느낀 점이 많았습니다. 가령 소설을 만드는 데는 전혀 다른 과정을 거쳐야 하고, 소설 장르에서 꽤 많은 출간 목록을 보유하고 있어야 효율적으로 그 책을 팔 수 있어요. 게다가 소설을 다루는 출판사는 너무 많죠. 그런 경험을 쌓으면서, 10년쯤 전부터는 시각 요소와 텍스트의 균형을 고려해, 시각 요소만으로 이루어진 책과 텍스트와 시각 요소를 조합한 책에 초점을 맞추게 되었지요. 그것이 우리가 잘 알고 있는 분야였고, 잘할 수 있는 분야였으니까요. 그래서 지금은 재미있는 소재가 있다면 그걸 어떻게 우리 나름의 형태로 구현할 것인지 생각해 봅니다.

V. 기타 일단은 재미가 우선입니다. 재밌다고 판단하면 뭐든 출간을 고려하지요. 그러나 저명한 작가나 예술가는 되도록 피하려고 해요. 그쪽에서 자신이 원하는 것을 들고와 제안한다면 또 조금은 다르겠지만, 일단 우리는 아직까지 세상에 알려지지 않은 비범한 재능을 찾고 있습니다. '이거다' 하는 하나의 기준 같은 건 없지만, 어려운 것을 간단하게, 그리고 성실히 전달할 수 있는 책이 좋다고 생각해요. 아는 척하는 책이 아니라, 만든 이의 생각을 충분히 전달하는 책, 세상을 더 깊이 이해할 수 있는 그런 책들 말이죠.

제가 조금 전에 대부분의 책이 '정크'였다고 말했는데요, 그런 책의 대부분은 무관심이나 배려 없는 생각에서 나오는 게 아닌가 하는 생각이 들어요. 그저 단어를 아무렇게

나 조합해 문장으로 뱉어 놓은 것 같은 그런 책. 그래서 우리는 누군가의 목소리, 의견, 주장에 진지하게 귀 기울입니다. 그것이 무척 중요하다고 생각하죠. 사실 이런 방식은 직접 해 보지 않으면 알 수 없는 종류의 것이라서, 우리들이 사전에 계획했다는 이유만으로 꼭 책으로 만들어지는 것도 아닙니다. 우리가 추구하는 건 진심으로 성실한 어떤 것이죠. 꼭 완성형이어야 할 필요는 없습니다. 저자 자신에게 재능이 있음에도 그것을 표현하는 기술을 모르는 경우도 있기 때문입니다. 만약 우리와 함께하고자 하는 마음이 저자에게 있다면 우리는 그 '목소리'를 찾기 위한 조력자 역할을 합니다.

한 가지 덧붙이자면, '절대 만들지 말아야 한다'고 정해 둔 기준은 있습니다. 폭력이나 인종차별, 성차별 등 어떤 식으로든 편견을 조장할 수 있는 책은 만들지 않겠다는 기준이지요.

기타 울프 우리가 중요시하는 건 우리의 가치관 또는 주장, 그러니까 이것을 정치적이라고 하면 과장일 수도 있겠지만, 우리가 말하고자 하는 메시지와 책의 아름다움 사이의 균형입니다. 책 내용만 훌륭하면 겉모습은 상관없다고 하는 사람도 있지요. 책에 적힌 메시지 그 자체가 중요하다는 이유 때문입니다. 그리고 그와는 반대로, 디자인과 장정 등 겉모습이 아름다운 책일지라도 콘셉트가 불분명한 책도 있습니다. 언뜻 봐서는 내용과 아름다움이란 게 무슨 관계가 있냐고 할 수도 있어요. 하지만 중요한 것을 제대로 전달하기 위해서는 둘의 균형이 무척 중요합니다.

V. 기타 예를 들어 타라북스에서 펴낸 <숫자로 말하는 소

년>과 <기억과 박물관 사이>는 대중에게 무척 정치적으로 비춰지는 책입니다. <숫자로 말하는 소년>은 아이의 눈으로 스리랑카 내전을 바라본 책으로, 스토리를 전달하는 데 디자인이 중요한 역할을 해내고 있죠. <기억과 박물관 사이>는 박물관에 전시된 다양한 지역의 소수 민족 예술을 테마로 합니다. 박물관에서는 소수 민족의 예술품과 생활을 전시하죠. 하지만 다른 한편으로 보면, 그들은 전시의 대상이기 이전에 생활하는 인간이며, 박물관 밖에도 그들의 생활이 있습니다. 박물관에서 그들의 소수 민족 예술을 전시하는 이유는 그들이 사회에서 주류가 아니기 때문입니다. 박물관에서 우리의 현대적인 일상생활을 전시하는 일은 없으니까요. 그런 생각에서 우리는 자신들의 생활이 박물관에서 전시되는 것에 대해 그들은 어떻게 생각할지 궁금했습니다. 그걸 과연 좋다고 할 수 있을까? 그렇게 생각했던 거죠. 그들 스스로 선택한 건 아니었으니까요. 하지만 그 질문에 대해 그들은 대단히 흥미로운 대답을 내놓았어요.

"우리는 계속 생활하고 있고, 박물관의 전시만으로 우리의 생활이 완성되는 건 아닙니다. 삶의 진정한 풍요로움은 거기에 없으니까요. 그럼에도 박물관은 중요합니다. 생활 방식은 늘 바뀌어 가고 있고, 우리 자손은 과거에 선조가 어떤 식으로 생활했는지 알 수 없죠. 그러므로 보존한다는 측면에서 의미가 있어요."

그들의 기본 주장은 '대화하고 싶다'는 것이었습니다. 전시에 대한 자신들의 생각을 전시 주체에게 말하고 싶다는 것이었지요. 이는 근원적인 의미에서 정치적이라 할 수 있습니다. 전시를 하지 말라는 것이 아니라, 미술관의 독단적인 전시가 아닌, 본인들의 시점과 의견도 도입해 주길 바라는 것이죠. 그런 의미에서 이 책은 앞으로 이야기할 한 가지를 더해 두 가지 측면에서 정치적입니다. 책의 아름다운 모양새 때문에 얼핏 봐서는 전혀 그렇게 보이지 않지만, 무척 정치적인 책이라 할 수 있죠.

인도에는 '달리트산스크리트어로 '곤궁에 처한 사람들', '억압되어 있는 사람들'이라는 뜻으로 인도 사회의 카스트 제도 바깥에 위치한 사람들을 가리킨다'라 불리는 불가촉천민 계급이 존재합니다. 이 책에 등장하는 예술가 중에도 그런 계급에 속해 있는 사람이 있습니다. 그들의 이야기를 제대로 전달하기 위해서는 그들이 왜 이런 예술 행위를 하고 있는지, 그들의 예술이 얼마나 훌륭한 것인지 독자들에게 호소할 필요가 있습니다. 이는 소수 민족 예술가들이 아닌, 우리의 정치적인 주장이지요. 이 책은 예술가 각자의 목소리와 타라북스의 목소리, 그 두 가지 시점으로 구성되어 있습니다. 그 양쪽의 정치적인 생각을 책으로 표현한 것이죠.

소수 민족 예술가의 그림을 사용하는 것 자체에도 사회적인 의미가 있군요.

기타 울프 그렇습니다. 하지만 단순한 의미로, 그 예술가의 작품이 너무 훌륭하기 때문이라는 이유도 있어요.

V. 기타 역사적으로 인도에서는 소수 민족의 회화나 전통 수공예 장르를 예술로 여기지 않았습니다. 대중 공예품이라는 인식이 강했죠. 하지만 우리는 예술과 수공예를 그다지 구별하지 않습니다. 한 분야의 장인은 장인인 동시에

작게 존재한다는 것

예술가이기도 합니다. 그들이 만든 것이 미술관에 전시되기도 하죠. 우리는 그들의 예술을 책으로 만듭니다. 책으로 만들면 더 많은 사람에게 알릴 수 있고, 그 역동성과 아름다움에 언젠가는 경의를 표해 줄 것이라 생각합니다.

기타 울프 일본에서는 장인이나 수공예 자체에 경의를 표하는 문화가 있습니다. 그런 자세에 무척 감동을 받았죠. 인도에서도 그래야만 한다고 생각합니다. 하지만 아직까지 인도는 수공예를 물질적인 가치로만 보는 경향이 강합니다.

수공예품을 만드는 사람이나 부족민에 대한 차별적인 시각이 존재한다는 말씀인가요?

기타 울프 물론 차별도 존재하고, 극히 당연한 걸로 바라본다는 인상이 강합니다. 늘상 보는 것이기 때문에, 그것을 만들기 위해 어느 정도의 작업과 기술이 필요한지는 생각하지 않는 거죠. 그 직종의 사람들이 어떻게 생계를 유지하고 있는지에 대해서도 마찬가지입니다. 상점이나 시장에 가면 그런 물건들이 쌓여 있고, 사람들은 아무렇지도 않게 가격을 깎아 달라고 이야기합니다. 그 물건에 가치를 두지 않기 때문에 그런 이야기를 할 수 있는 거죠. 그것을 만든 사람들에 대해서도 마찬가지입니다. 이런 것들이 편견으로 이어지죠.

V. 기타 안타깝게도, 손으로 물건을 만드는 사람은 인도 사회의 카스트 제도에서도 밑바닥에 위치하죠.

기타 울프 머리를 써서 일하는 사람이 훌륭하다는 인식인 거죠.

말씀하신 대로 일본의 장인은 그 나름대로 지위를 획득했다고 할 수 있습니다. 그러나 그들이 만든 물건만을 본다면 고급품 쪽으로만 자리매김했다고 볼 수 있지요. 그런 수공예품들이 일상에 존재한다는 것은 인도의 훌륭한 점 중 하나라고 생각합니다.

기타 울프 그런 면도 있네요. 여전히 인도에서는 일상의 범주에 속하니까요.

V. 기타 혹시 오카쿠라 덴신1863~1913. 일본의 사상가이자 문인. 미국에서 <차의 책>을 출판했다. 1901년부터 2년 동안 인도를 방랑했고, 그 기간 동안 타고르를 비롯한 인도 문화계 인물과 교류했다이라는 인물에 대해 들어 본 적 있나요? 그는 인도에 무척 매료되어 제2차 세계대전이 발발하기 전, 몇 번이나 인도를 찾았습니다. 라빈드라나드 타고르1861~1941. 인도의 시인이자 사상가. 1913년 <기탄자리>로 아시아인 처음으로 노벨문학상을 수상했다. 인도의 시성詩聖으로 추앙 받고 있다가 오카쿠라 덴신의 친구였지요. 타고르는 산티니케탄타고르가 웨스트벵골 주에 설립한 예술학교. 비스바바라티 국립대학의 전신이다. 인도 유수의 예술대학으로 수많은 예술가를 키우고 있다을 설립하면서 특히나 예술과 공예 교육에 깊은 관심을 드러냈습니다. 손으로 만든다는 것 자체에 대단한 가치를 뒀지요. 그리고 그런 그에게 영향을 준 인물이 바로 오카쿠라 덴신이었습니다. 그러니까 20세기 초반의 인도와 일본은 문화적으로 강렬하게 연결되어 있었던 거죠. 아마 타고르는 일본이 전통문화나 기술을 잃어 버리지 않고 근대를 어떤 식으로 해석하고 있느냐는 것에 무척 주목했을 것입니다. 타고르의 교육관에서도 그 부분이 중요한 것이었으니까요. 그 시대, 인도의 수많은 예술평론가들이 오카쿠라 덴신과 교우 관계를 맺었죠.

인도가 차별 사회 또는 계급 사회라는 것에 대해 인도 안에서는 모두 당연스레 받아들이고 있다고 봅니다. 그런 의미에서 두 분은 특이한 사고방식의 소유자라고 볼 수 있죠. 그런 사고방식을 지니게 된 계기가 있습니까?

기타 울프 시간이 그렇게 만들었다고 생각합니다. 우리는 비교적 전통 인도 가정에서 자랐고, 어린 시절에는 텔레비전도 없었습니다. 1960년대에서 1970년대였으니 당연히 인터넷도 없었죠. 그 당시에는 오직 책만이 '커다란 세계'를 볼 수 있는 미디어였어요. 여러 책을 통해 다양한 사고방식을 접했습니다. 어릴 때야 다들 엇비슷한 책만 읽었지만 아이에게는 책을 읽는 즐거움을 안다는 것만으로도 무척 중요하죠. 그것이 첫걸음이니까요.

꼭 메시지가 있는 책이어야 할 필요는 없어요. '책을 읽는 사람'이 됐다면 다양한 것을 접할 수 있는 준비가 된 것이니까요. 저도 처음에는 재밌다는 이유만으로 책을 읽었습니다. 어린 시절에는 그냥 그게 좋았습니다.

하지만 서서히 성장하며 다양한 사고방식을 접할 기회가 늘어나지요. 바깥세상을 볼 수 있는 기회도 늘고, 해외에 나가는 경험을 통해 좀 더 강렬한 미지의 세계를 접하기도 합니다. 학교를 다니며 다양한 사람들과 만나기도 하고요. 누구에게나 일어날 법한 그런 일들이지요. 그런 과정을 통해 생각과 사고방식이 변해 갑니다. 내가 모르던 사고방식을 접했을 때, 처음에는 그것을 어떻게 받아들여야 할지 모르지만, 성장하며 달라진다고 생각합니다. 세상 누구라도 마찬가지 아닐까요?

소수 민족 예술에 대해 예전부터 알고 계셨습니까?

기타 울프 어릴 때부터 그림 그리기를 좋아했고 손으로 뭔가 만드는 것도 좋아했지만 소수 민족 예술에 대해서는 거의 몰랐습니다. 20~30대 무렵부터 조금씩 알게 됐죠.

대부분의 인도 사람들이 소수 민족 예술에 대해 모르고 있군요.

V. 기타 그렇습니다. 예술을 전문으로 하는 학교에서조차 다루지 않는 경우도 있으니까요. 유명한 조각이나 그림에 대해서는 가르쳐도 이런 것들에 대해서는 드물지요.

기타 울프 제 어린 시절에 이런 책이 있었다면 얼마나 좋았을까! 이런 생각을 합니다. 그러므로 어찌 보면 그 무렵의 제가 읽고 싶었던 것을 만드는 걸지도 모르겠네요.

V. 기타 우리는 정말 보통의 일반 가정에서 자라, 보통의 학교를 다녔기 때문에 그런 것을 가르쳐 줄 사람이 주변에

없었습니다. 인도의 전통 예술이라니, 누구도 관심을 주지 않는 분야니까요.

기타와 저는 각자 다른 시점으로 소수 민족 예술을 만났습니다. 저는 '차별과 편견'이라는 사회 문제를 통해, 기타는 '예술과 공예'의 시점에서 소수 민족 예술과 만났죠. 제가 예술에 대해 보다 깊이 알게 된 것은 타라북스를 시작하고 나서부터였습니다. 보다 정치적이며 사회적인 가치에 주목하고 있었기 때문에 예술과 공예에 대해서는 그다지 잘 몰랐습니다. 하지만 타라북스를 시작하면서 기타 울프와 함께 공부했죠. 예술가들이 어디에서 왔는지 자세히 조사했고 시간과 돈을 들여 그들과 실제로 만났습니다. 그들의 출신과 전통을 알기 위해 노력했죠.

제가 그들을 처음 알게 된 계기는 그들에 대해 다룬 몇 권의 책과 1970년대부터 열리던 페스티벌에 참가하면서부터였을 겁니다. 그들에 대한 책이 몇 권 나와 있기는 했지만 대부분 소수 민족의 사회적 배경을 다룬 책으로, 그림이나 신화 등 예술에 초점을 맞춘 책은 거의 없었습니다. 아마도 인도에서 그것을 제일 먼저 다룬 출판사는 타라북스 아니었을까요?

두 사람의 만남, 그리고 타라북스의 시작

두 분은 어떻게 만나셨습니까?

기타 울프 첸나이 북페어에서 만났습니다. 1988년의 일이네요. 우리는 첸나이의 페미니스트 그룹 멤버이기도 했습니다.

V. 기타 그전까지는 서로 전혀 다른 일을 하고 있었어요. 하지만 둘 다 책을 좋아했고 아이와 어린이 교육에 관심이 있었습니다. 기타 울프는 자기 아이들에게 읽어 줄 책이 필요하다는 이야기를 자주 했어요. 인도에서 구할 수 있는 책만으로는 만족할 수가 없었던 거죠. 그래서 아이들을 위한 출판사를 시작해 보자는 이야기를 나누게 됐습니다.

아이에게 읽어 줄 책을 만들기 위해 출판사를 만드셨다는 거군요?

기타 울프 꼭 그뿐만은 아니지만, 그것도 하나의 이유이기는 했어요. 그리고 스스로를 위해서라는 이유도 있었습니다.

V. 기타 누군가 만들어 주길 기다리지 말고 우리 스스로 해 버리면 되잖아! 뭐 이렇게 된 거죠. 타라북스의 첫날은 사무실 찾기로 시작했습니다.

타라북스가 제일 처음 만난 소수 민족 예술가는 누구였나요?

V. 기타 한 개인과 작업한 건 아니었지만, <인도의 동물들>이 소수 민족 예술가와 작업한 첫 책입니다. 여러 명의 소수 민족 예술가와 만든 멋진 이야기지요. 정말 아름다운 책입니다.

인도에서는 지역별로 소수 민족 예술에 관한 각종 페스티벌이 열립니다. 그중 하나를 보러 갔는데, 거기에서 다양한 소수 민족의 예술을 접할 수 있었죠. 그런데 거기서 기타 울프가 재밌는 걸 발견했어요. 거의 대부분의 소수 민족 그림에 어떤 식으로든 동물이 그려져 있다는 사실을 주목한 거죠. 그래서 코끼리나 공작 같은 가장 인도스러운 동물을 골라 책으로 만들었습니다.

기타 울프 여러 나라에서 번역 출간했죠.

V. 기타 그런데 돈은 전혀 안 됐어요. 다색인쇄였고 제작에 무척 많은 돈이 들었던 데다가 그 당시에는 전혀 팔리지 않았으니까요.

하지만 지금은 그 책을 원하는 사람이 아주 많습니다!

V. 기타 감사한 일이죠. 아무튼 그림 하나에 일곱 가지 색을 쓴 페이지까지 있었으니까요.

이야기를 되돌리자면, 당시 우리는 개인적으로 아는 소수 민족 예술가가 전혀 없었습니다. 페스티벌 같은 데서 작품을 봤다는 정도였지, 이름조차 몰랐습니다. 그래서 일단은 마음에 드는 그림을 골라 화가의 목록을 정리했고, 중간에 사람을 통해 우리의 의사를 전달했습니다. 책 출간을 위한 그림을 그려줄 수 있느냐고 물어봤죠.

기타 울프 결과적으로 보자면 그 책을 통해 여러 예술가들과 만날 수 있었습니다.

V. 기타 그 뒤 예술가 개개인과 만나며 각각의 프로젝트를 진행했습니다. 바주 샴과 만난 건 그 이후의 일이었고요.

기타 울프 바주 샴과는 워크숍에서 만났습니다. 그리고 곧

바로 <런던정글북>을 함께 만들었죠.

V. 기타 이제는 소수 민족 예술가들과 밀접하게 교류하고 있어요. 그림을 봐 달라며 직접 찾아오는 경우도 생겼죠.

인도가 아닌 다른 나라의 소수 민족 예술가들과 작업을 해 볼 생각은 없으십니까?

기타 울프 가능성은 있습니다. 하지만 문제도 있어요. 우리들이 그들의 문화나 사회 배경을 제대로 이해할 수 있어야만 한다는 거죠. 멕시코에서 비슷한 프로젝트를 진행해 본 적이 있었는데, 역사를 살펴보면 폭력에 휩쓸렸던 때도 있었고, 뭐랄까 그들에게는 소외당한 역사가 있었기 때문에 쉽지 않았습니다. 통역을 두고 이야기를 들어 봤지만 제대로 이해하기에는 역부족이었지요.

그들이 폐쇄적이었다는 말씀인가요?

기타 울프 그랬을 수도 있고 그렇지 않았을 수도 있어요. 우리로서는 알 수가 없는 일이죠. 통역을 통한 대화였으니 더 힘들 수밖에 없었겠죠. 아무튼 우리가 인도의 소수 민족을 이해하듯 그들을 이해할 수는 없었습니다. 지식도 깊어지지 않았죠. 체재 시간도 길지 않았고 질문을 할 정도의 사전 지식밖에 없었다는 것도 그 이유였다고 봅니다. 신뢰를 구축하는 데는 오랜 시간이 걸리기 마련이죠. 아무리 철저히 사전 준비를 했다고 해도 이삼일 안에 가능한 일은 없으니까요.

최근 타라북스는 해외의 예술가들과도 책을 만들고 있습니다. 협업을

결정하는 기준 같은 게 있을 것 같은데요.

기타 울프 국적은 상관없고, 그 사람 각각의 자질이 아무래도 가장 크다고 생각합니다. 사람에 따라 그 기질도 전혀 다르죠. 이해가 빠르고 즉각 반응하는 사람도 있고, 반대로 충분히 시간을 들이는 사람도 있으니까요. 외향적인 기질도 있고 내향적인 기질도 있고, 다 나름의 장점이 있어요.

타라북스와 핸드메이드 책의 관계

☀

타라북스가 핸드메이드 책을 만들게 된 계기는 프랑크푸르트 북페어에 들고 간 실크 스크린 견본 때문이라고 들었습니다. 만약 그때의 주문이 없었다면 타라북스는 지금 어떤 책을 만들고 있을까요?

기타 울프 오, 재밌는 질문이군요. 그런 생각은 해 본 적이 없었는데 말이죠. 아무튼 이렇게 결국 우리는 핸드메이드 책을 만들고 있고, 역사란 원래 그런 식이죠.

V. 기타 당시 우리는 핸드메이드가 아니라 일반 책을 제작하고 있었어요. 하지만 첫 책 이후 실험적인 책을 만들었는데, <자주색으로 변한 참새 부인>이 바로 그 책이지요. 부탄의 경전 모양에서 힌트를 얻은 책이었습니다.

그 책은 실크 스크린 인쇄와 오프셋 인쇄, 수제본 방식이 결합된 책이었죠?

기타 울프 맞아요. 하이브리드였죠.

V. 기타 그 책을 만드는 건 꽤나 위험 부담이 컸습니다. 사

진을 붙이는 데 문제가 생기기도 했고, 몇천 부나 되는 책에 흠집이 생겨 못 쓰게 된 일도 있었으니까요. 만약 그때 우리가 그 책을 만들지 않았다면 어떻게 됐을까요? 잘 모르겠어요. 하지만 '무언가'를 하고 있지 않았을까요? 이미 그 당시에 <배고픈 사자>도 있었고 <아이의 눈으로 본 마하바라타>도 완성했던 시점이었습니다. 예술 교과서도 만드는 중이었고요. 아마도 무언가 끊임없이 책을 만들었을 겁니다. 우리는 늘 위험을 안고 실험적인 책을 만들어 왔으니까요.

그 '우연'이 일어나기 전, 핸드메이드 책을 만들어야겠다고 생각해 본 적은 없으셨나요?

기타 울프 없습니다. 하지만 출판도 역사와 마찬가지로, 그런 식으로 자연스레 흘러가는 게 아닐까 싶어요.
예를 들어 핸드메이드 책은 아루무감과 만나지 않았다면 불가능했을 테고, 소수 민족 예술과 만나지 않았다면 만들지 않았을 테니까요. 모든 것이 자연스레 한 방향으로 서로를 끌어당기는 게 아닐까 싶어요. 마쓰오카 기요코 씨와 만나지 않았다면 일본에 초대받는 일도 없었을 테고 이타바시 구립 미술관에서 강의를 할 수도 없었겠지요. 말로 설명하기는 어렵지만, 자연스레 그런 방향으로 흘러갔다고 생각합니다.
V. 기타 같은 목적이나 방향을 추구하는 사람끼리는 어느 순간 자석처럼 서로 연결된다고 생각합니다. 타라북스는 각각의 전문성을 가지고 협력하는 회사입니다. 하지만 출판이라는 업종의 특성상 어떤 종류의 직감 같은 게 필요하

다고 생각해요. 이 책을 만들 것인가, 말 것인가. 기타 울프가 그런 직감을 가지고 있다고 봅니다. 이 역시 대단히 중요한 요소 중 하나죠.

소수 민족 장르의 그림을 그리는 사람은 많습니다. 하지만 그들 모두가 작가가 되고 싶어 하는 건 아닙니다. 어떤 사람은 그림을 그려서 팔 수 있다는 것만으로 충분할 테니까요. 그것들 중에서 선별해 출판물로 만든다는 것에는 역시나 직감 같은 것이 필요하죠. 가령 북페어에 참가해 여러 책을 살펴봤다고 해 보죠. 완성된 책을 보고 그 책이 '좋은 책'인지 아닌지 판단하는 건 누구나 가능합니다. 그러나 처음 책을 제작할 시점에 필요한 감각은 그와는 다른 감각인 것이죠.

기타 울프 그러고 보니 최근에 건축가와 이야기를 나눌 기회가 있었는데, 그때 제가 이런 말을 했어요. "3D 공간에 무언가 입체적인 것을 만든다니, 나로서는 상상도 못할 일이다." 하지만 그의 머릿속에서는 훤히 보일 거라고 생각합니다. 그리고 그때 문득 이런 생각도 들었어요. 그가 건축을 할 때 그렇듯, 내가 책을 만들 때, 내 눈에도 뭔가 보였던 건 아닐까? 아무것도 없는 곳에 벽을 세운다니, 저로서는 절대 불가능할 것 같은 일이지만 그의 눈에는 이미 그 벽이 보이는 거잖아요. 아마 그런 느낌이지 않을까요.

V. 기타 맞아요. 그게 바로 직감 같은 거죠. 그리고 책을 만들기 이전에 그 책에 대한 이미지가 머릿속에 반드시 그려져야만 합니다. 그래야 실제로 만들 수가 있어요.

기타 울프 또 하나 특별한 것이 있어요. 귀를 기울이는 것. 우리는 주의 깊게, 마음을 다해 여러 사람의 이야기를 듣습니다. 못 하는 것을 억지로 시킬 수는 없는 노릇이기 때문에, 그 사람에게 어떤 재능이 있는지, 어떤 것이 가능할 것인지 찾아야 합니다. 정말 중요한 일이죠. 그 사람이 무엇을 잘하는지, 어떤 사고방식을 가지고 있는지 알지 못한다면, 어디서 어떤 식으로 내가 도움을 줘야 할지 파악할 수가 없으니까요.

V. 기타 그래요. 그게 정말 중요합니다. 어떤 사람은 실험적인 것에 흥미를 보이지만 그렇지 않은 사람도 있어요. 소수 민족 예술가 중에도 마찬가지죠. 흥미를 보이지 않는 사람인데 그 사람의 예술 작업이 훌륭하다면 어떻게 해야 할까요? 일을 진행하기 위해 어떻게 해야 할지 고민해야겠죠.

기타 울프 그때부터는 그들에게 어떻게 해 달라기보다는 우리가 모든 걸 정리하고 콘셉트를 생각합니다. 그들에게 익

숙지 않은 것을 시킬 필요는 없어요. 그들이 보통 때처럼 할 수 있도록, 그 방법이 무얼지 생각합니다. 그저 함께 앉아 시간을 보내며 이야기를 나눈다거나 하죠. 화가든 작가든 마찬가지입니다. 그들의 재능을 끌어내기 위해 우리들이 무얼 할 수 있을지 고민하죠. 그들의 재능에 우리의 아이디어를 합치는 겁니다.

V. 기타 이런 성격이니까 실험적인 방식을 시도해 본다, 이런 유형이니까 본인 그대로의 그림을 그리게 한다. 각각에 따라 최선의 방법이 무엇일까 생각합니다. 예술가 한 명 한 명 그런 과정을 따라갑니다. '출판은 우리를 위한 것이 아니다' 우리가 자주 하는 말이죠. 출판물은 예술가나 저자의 창의성을 즐기기 위한 수단이지 '내가 좋아하느냐, 아니냐' 하는 문제는 아닙니다. 예술 그 자체를 즐기기 위해 최대한 개입하지 않는 경우도 있지만, 그 작품의 매력을 최대한으로 끌어내는 형태는 무엇일지 고민하는 것이 출판이며, 책 만들기입니다.

지금의 두 사람을 만든 책

❋

출판사 대표, 편집자, 작가로서 본인에게 영향을 준 것은 무엇입니까?

기타 울프 처음에도 말했듯 어린 시절, 책에서 받은 영향이 컸습니다.

특히 어떤 책이었나요?

기타 울프 제 주변에 있던 모든 책이요! 사실 어릴 때는 골라 볼 수 있는 여건도 안됐으니까요.

V. 기타 인도 책은 사실 별로 안 봤습니다. <라마야나>나 <마하바라타> 같은 책은 물론 읽었지만요. 아직도 기억나는 건 미국 소설 <작은 아씨들>. 작가가 되고 싶은 조라는 소녀와 그 자매들의 이야기였죠. 정말 좋아했던 책이에요.

기타 울프 소비에트 연방 시절의 그림책도 몇 권인가 기억나네요. 그리고 애거사 크리스티! 그의 책은 손에 잡히는 대로 다 읽었습니다. 친구 집에 갔는데 내가 못 본 책이 있다면 곧바로 빌려 와서 읽었죠.

V. 기타 하지만 이렇게 책을 만들게 될 줄은 상상도 못했어요.

기타 울프 전혀 생각지도 못했죠.

V. 기타 아이 교육에 관심을 가지면서 조금씩 그런 생각을 하게 됐으니까요.

어떤 책을 좋아하시나요? 지금도 다시 펼쳐보는 책이 있다면요?

V. 기타 제 경우는 셰익스피어입니다. 우연히 펼쳤다가 결국에는 끝까지, 몇 번이나 반복해서 읽게 되는 책이죠. 타밀어 시인인 바라티 1882-1921. 인도 타밀나두주 출신의 문학가. 대표 작품으로 <뻐꾸기의 노래>, <크리슈나의 노래> 등이 있다의 시집도 좋아합니다. 여담이지만 바라티는 오카쿠라 덴신에 대해 쓴 적도 있어요. 타밀어로 쓴 아름답고 현대적인 그의 시집도 여러 번 읽은 책 중의 하나죠. <마하바라타>도 자주 들춰 보고요.

기타 울프 저도 셰익스피어죠. 그 다음으로는 찰스 디킨스. 타고르도 있고요.

최근 들어 인도 도심의 서점이 폐업하고, 책을 읽는 사람이 점점 줄어들고 있다고 들었습니다. 어떤 상황, 어떤 이유 때문일까요?

기타 울프 인도는 인구에 비해 책을 사는 사람이 적은 나라입니다. 인구에 비례했을 때 우리가 찍는 3천 부는 거의 없는 거나 마찬가지죠. 하지만 이건 영어로 찍은 책의 경우이고, 현지 언어로 보면 그보다는 독서 인구가 조금 많은 수준이라고 할 수 있어요. 그렇지만 독서 인구가 줄고 있다는 부분은 전 세계가 직면한 공통 문제이고 그에 대한 대답도 비슷하리라 생각합니다.

V. 기타 첸나이는 서점을 돌아보기에 그리 좋은 도시는 아닙니다. 힌두어나 영어가 아닌 타밀어 문학 쪽이 대중적인 도시이기 때문이지요. 재밌게도 첸나이에는 타밀어 책을 다루는 서점이 새로 문을 열기도 해요. 식자율이 오르면서 타밀어 책을 이전보다 좀 더 많이 읽게 된 까닭이지요. 타밀어 출판사도 늘었고 출판되는 책의 종류도 늘었습니다. 그렇기 때문에 현지 언어의 출판과 영어 출판은 꽤나 사정이 다르죠.

타라북스의 책은 첸나이에 위치한 고품격 셀렉트숍인 아메지스트 등 서점이 아닌 곳에서도 팔리고 있습니다.

V. 기타 그렇습니다. 우리는 그런 곳을 '논 북숍'이라고 부르는데요, 첸나이의 카페 '차미에루스'에서도 우리 책을 살 수 있습니다. 첸나이 쪽 서점이라면 '히긴보탐스 서점'과 '기구루즈'가 있고, 벵갈루루로 나가면 우리 책을 다루

는 서점이 더 많습니다.

인도의 일반 서점에서는 어떤 책을 주로 다룹니까?

V. 기타 교과서와 '정크'죠. '점성술'이라거나 '비즈니스 시
작하기' 같은 책들.

기타 울프 우리 책, 특히 아이를 대상으로 한 책들은 아직까
지 인도 사람들에게 낯설 수 있어요. 우리 그림책을 보고
"이 책은 왜 그림만 있고 글자는 없냐"고 묻는 부모도 있
으니까요. 문자를 기본으로 한 것만을 책이라고 생각하는
거죠. 지금 인도는 그림책이라는 장르에 익숙해지는 과정
을 겪고 있어요. 점차 변하고는 있지만 우리 영업 담당자
가 '그림책은 어떻게 읽어야 하느냐'는 질문을 여전히 받
을 정도로, 아직까지 그림책은 그리 일반적인 장르는 아닙
니다.

그림책이 인도 사람들에게는 새로운 것이라는 의미인가요?

기타 울프 그렇습니다. 아이는 물론, 어른에게도 마찬가
지죠.

**최근에는 전자책으로 책을 읽는 사람도 늘었습니다. 이에 대해서는 어
떻게 생각하십니까?**

기타 울프 그런 흐름을 거부할 수는 없겠죠. 전자책이 차지
하는 영역이 있다고 봅니다. 여행 책 분야 같은, 전자책이
잘할 수 있는 분야도 있다고 생각하고요. 그러나 그림책을
보거나 아름다운 사진을 볼 때, 책을 읽을 때 느끼는 감각
만큼은 전자책이 결코 종이책을 따라잡지 못하죠. 감각적

작게 존재한다는 것

으로 전혀 즐겁지 않으니까요.

V. 기타 그저 정보를 얻는 것이라면 편리하죠. 요리책 같은 것들이라면요.

기타 울프 맞아요. 어느 분야에서는 가능하지만 모든 분야에서 그런 것은 아닙니다. 특히 타라북스의 책과는 어울리지 않죠. 과학 기술이 품은 가장 큰 문제는, 그 편리성이 모든 것에 적용될 것이라고 믿는 겁니다. 한계가 있다는 것을 인식하지 않는 것 같아요. 무슨 일이든 한계는 있지요. 지금 타라북스에서는 <내 주변의 것들로 만드는 장난감과 이야기>의 개정판을 만들고 있어요. 그런데 생각해 보면 요즘 애들이 가지고 노는 장난감들은 뭐든 어플리케이션이 필요합니다. 이렇듯 어떤 분야든 첨단 기술이 도입되지만, 어플리케이션을 제대로 구동하기 위해서는 금세 또 업데이트를 할 필요가 있지요. 하지만 전통 장난감은 오래 갑니다. 어디에나 기술을 도입하려는 시도를 반드시 좋다고 볼 수 있을까요?

V. 기타 무척이나 모순적인 얘기죠. 전통 장난감과 최첨단 어플리케이션은 서로 끝과 끝에 위치한 것이니까요. 전통 장난감은 내 주변에 있는 것만으로 무척이나 손쉽게 만들 수 있어요. 그것만의 장점이 있죠.

기타 울프 전자책의 효용은 인정하지만 모든 것이 전자책으로 대체될 수는 없다는 것. 그것이 전자책에 대한 우리의 결론입니다.

❋

고생한 일은 없었나요? 타라북스를 그만둬야겠다고 생각했던 적이 있었을지 궁금합니다.

기타 울프 물론 고생이 많았죠! 그만두자고 생각한 적은 없었지만, 유통, 배본 등 영업 측면에서 무척 고생했습니다. V. 기타 인도 안에서 보다 강한 존재감을 지녀야 한다는 생각도 들었습니다. 타라북스는 지금까지 두 가지에 중점을 두고 책을 만들었습니다. 하나는 예술에 대한 교육, 또 하나는 아이들이 교실에서 읽을 수 있는 그런 책을 만드는 것이었어요. 지금은 인도 사람들이 살아가는 현재의 삶에 주목하고 있습니다. 전통 그림을 통해 '현대 사회'의 의미를 생각해 볼 수 있는 그런 책을 만들려고 하지요. 도시가 좋아서 고향을 떠나온 것인지, 아니면 어쩔 수 없이 도시에 살게 된 것인지, 어떻게 적응하고 있는지, 갑작스레 빌딩에 둘러싸인 지금의 생활을 어떻게 느끼고 있는지, 그런 것들을 소수 민족 예술가들이 그려 주길 바라고 있죠.

그걸 실현하는 데 어려움이 따르는군요.

V. 기타 일단은 끊임없이 대화해야 합니다. 언어가 다르고, 꾸준히 연락을 주고받아야 하고, 그런 면에서는 어려움이 있죠. 하지만 세상일에 쉬운 게 있던가요? 있으면 좀 가르쳐 주세요.

타라북스에 위기 상황은 없었습니까?

V. 기타 없었습니다. 책이 물에 젖어 피해를 입었던 적은

있지만 인간관계의 위기 같은 건 없었죠. 타라북스는 상당히 열린 환경, 열린 관계 속에서 작업하는 회사이기 때문에 그런 문제는 없었습니다. 직원들과 만나는 정기 모임도 있고요.

이 건물에는 몇 명이 근무하고 있습니까?

기타 울프 열일곱 명이 근무하고 있습니다.

V. 기타 혹시 누군가 어떤 식으로든 불만은 없는지, 늘 신경 쓰며 지켜봅니다. 물론 이것도 쉬운 일은 아니죠. 가끔 소소한 갈등도 생기지만 그런 것은 금세 해결되는 문제입니다.

'스몰 비즈니스'로 존재한다는 것을 중요하게 여기는 것 같습니다.

기타 울프 제대로 보셨습니다. 정말 중요하죠. 우리는 작게 존재하겠다고 결정했습니다. 예전보다 사람 수가 조금 늘어나기는 했지만, 그럼에도 타라북스는 아직 규모가 작은 편이라고 생각합니다. 작은 존재라는 데에는 무척 중요한 의미가 있어요.

첫 번째는, 구성원 모두에게 신경을 쓸 수 있다는 것입니다. 이 이상의 규모가 되면 개인 차원의 배려는 아마 불가능하리라고 봅니다. 프로젝트에 대해서도 마찬가지죠. 그렇기 때문에 하나의 프로젝트에 관여하는 사람의 숫자도 제한하고 있어요.

사실 핸드메이드 책의 경우, 없어서 못 파는 실정입니다. 그럴 마음만 있다면 지금보다 훨씬 더 규모를 키울 수도 있지요. 하지만 우리는 그러고 싶지 않습니다. '이 책을 좀

더 찍어 달라, 언제까지 이 책이 필요하다' 이런 식의 요청
도 많지만 그럴 때마다 우리는 '죄송합니다. 1년 기다려 주
셔야 합니다'라고 말합니다.

우리는 규모를 크게 만드는 것에 별 관심이 없습니다. 오
히려 그렇게 되면 일의 퀄리티가 떨어집니다. 직원이 스무
명 정도라면 일을 하며 그들 개개인과 충분히 의사소통할
수 있습니다. 그리 어려운 일은 아니죠. 그러나 오십 명으
로 늘어난다면 전혀 다른 상황이 됩니다. 그게 잘 되리라
고는 생각되지 않네요. 책(일)의 질, 동료들 간의 관계, 일
과 사람의 관계성을 유지하기 위해서는 작게 존재한다는
것이 무엇보다 중요합니다.

V. 기타 우리는 타라북스에서 일하는 모두가 프로젝트마
다 즐거울 수 있기를 바랍니다. 물론 1만 부의 책을 기계
적으로 찍어 낼 수는 있습니다. 하지만 그것을 무척 경계
하죠.

기타 울프 반드시 그에 상응하는 결과가 따라오기 때문
이죠.

**타라북스가 실크 스크린이라는 방식을 선택한 시점에 이미 '스몰 비즈
니스'의 조건을 충족했다고 봅니다. 작게 존재해야만 하는 조건 말이죠.**

기타 울프 비즈니스에는 반드시 결과가 따라옵니다. 규모가
계속 커진다면 결과적으로 이익만을 추구하게 됩니다. 그
게 자본주의 시스템이죠. 어딘가에서 그만둬야만 합니다.
내가 인식할 수 있는 범위 안에서 한계를 간파하지 않는
다면 끝이 없다고 생각합니다. 그래서 직원들에게도 이렇
게 말합니다. "월급이 두 배, 세 배 오르는 경우는 없다. '이

걸로 충분하다'고 본인 스스로 생각할 필요가 있다"고 말이죠.

V. 기타 물론 새로 들어온 신입에게는 규정에 맞게 정기적으로 월급을 올려 줍니다. 하지만 급료체계라는 게 어디서건 반드시 한계가 오기 마련이죠.

기타 울프 물론 대규모든 소규모든, 각각의 방식에 따라 유리한 점도 있고 불리한 점도 있습니다. 그 또한 잘 이해하고 있어요. 그러나 우리는 우리의 방식에 만족하고 있습니다.

스몰 비즈니스로서 불리한 점은 무엇입니까?

기타 울프 현재 인도는 인플레이션 상황입니다. 이런저런 가격이 급등하고 있어요. 물론 우리가 하는 일도 비즈니스이기 때문에 매번 원가를 정확히 계산해야만 합니다. 하지만 마찬가지 이유로 직원들은 그에 따른 임금 인상을 기대하게 되죠. 고민해야만 하는 문제입니다. 쉽지 않은 문제죠.

V. 기타 현재 우리는 직원과 직원 가족까지 포함해 마흔 가구의 경제를 책임지고 있습니다. 타협하지 않고, 너무 커지지 않으면서도, 책을 만들지 말지 매번 결단을 내려야 하죠.

기타 울프 다음 책, 다음 책, 일이 이어지는 건 물론 좋은 일입니다. 그러나 우리는 늘 '이 일을 해도 괜찮은가' 자문합니다.

가령 책 주문이 들어왔는데 재고가 없다고 해 보죠. 그러면 우리는 '인쇄가 완료될 때까지 6개월을 기다려야 한다'

고 대답합니다. 하지만 요즘 사람은 '즉시'를 원하죠. 문자를 주고받다가 30초만 답이 없어도 '왜 그래? 무슨 일이야?' 하는 연락이 옵니다. 예전에는 답을 받는 데 며칠 정도 걸리는 건 보통이었습니다. 하지만 지금은 모든 것이 즉시, 빨리, 이렇게 변해 버렸죠. 안달이 나는 겁니다. 그렇게 할 수 있는 기술이 있는데 왜 빨리 답을 주지 않느냐, 뭐 그런 식인 거죠. 그래서 우리는 '6개월'이라는 대답을 전할 때 상대방이 그것을 어떻게 받아들이는지 관찰합니다. 지금이야 다들 우리의 방식을 이해해 주죠. 우리는 우리의 방식과 속도로 해 나갑니다. 그들이 원하는 '빨리', 그리고 '즉시' 찍어 내기 위해서는 인쇄 부서에 오십 명 정도가 필요한데, 그렇게 되면 책의 질은 반드시 떨어집니다.

우리는 이 주제를 두고 많은 이야기를 나눠 왔습니다. 그들의 요청에 예스라고 할 것인가, 노라고 할 것인가. 그리고 그와 동시에 우리 직원들에게 그렇게까지 많은 일을 시킬 수 없다는 생각도 합니다. 물론 가끔 잔업도 하고 잔업을 하면 수당을 지급하죠. 하지만 시간은 돈으로 환산할 수 없는 것입니다. 잔업을 하면 돈이 생기지만 그렇게까지 하고 싶지 않은 사람도 있을 거예요. 가족과 시간을 보내고 싶을 수도 있으니까요. 일하는 사람들에게 그런 걸 강제할 수는 없다고 생각합니다.

주변에 스몰 비즈니스를 선택하는 사람들이 또 있나요?

기타 울프 많이 있습니다. 텍스타일 작가도 있고 서점 주인도 있죠. 낮 동안은 다른 일을 하고 저녁 시간에 가게를 열고는 하죠. 나름의 작은 노력을 하는 사람이 많습니다.

인도에서 스몰 비즈니스를 새로운 트렌드라고 볼 수 있을까요?

기타 울프 그렇지는 않다고 봅니다. 인도는 원래부터 스스로 벌어 경제를 책임지는 사람이 꽤 많았습니다. 사람들은 길거리든 어디서든 노점상이라도 합니다. 가족을 먹여 살리기 위해 그 일을 하죠. 그런 사람들을 인도 어디에서나 찾아볼 수 있어요. 시장에서 채소를 팔고 있는 사람도 마찬가지죠. 길이 막힌다고 투덜거리는 사람이야 있지만 그런 장사를 하는 데 그리 큰 제약도 없어요. 아무튼 그것도 비즈니스니까요.

일본에서는 일부러 대기업이 아닌 스몰 비즈니스를 선택하는 사람들이 있습니다. 새로운 움직임이라고 할까, 아이디어라고 볼 수 있을 겁니다.

기타 울프 인도에서는 예전부터 스몰 비즈니스가 경제의 일부였습니다. 인도 경제에서 꽤 많은 비율을 차지하고 있다고 봅니다. 밖에 나가 보면 정말 다양한 비즈니스가 존재합니다. 시장 바닥에서 채소를 파는 사람도 있고, 방과 후 아이들에게 간식을 파는 사람도 있고, 급식을 만들어 납품하는 사람도 있어요.

V. 기타 채소를 파는 사람 중에는 50년째 한 동네에서 장사하고 있기 때문에 딴 곳으로 이사할 생각이 없다는 사람도 있죠.

기타 울프 몇 년 전부터 갑자기 인도에 슈퍼마켓이라는 것이 등장했습니다. 외국인 눈에는 그리 크지 않겠지만 우리로서는 충분히 큰 규모였습니다. 장사를 해서 먹고사는 사람들은 슈퍼마켓의 등장으로 자신의 생활이 어떻게 될지 무척 걱정했죠. 그러나 결국엔 아무 일도 없었습니다. 이렇듯 비즈니스는 대, 중, 소 각각의 규모로 공존해 간다고 생각합니다.

또 하나 비유적인 이야기를 하자면, 스페인의 한 도시를 방문했을 때 묘한 느낌을 받았습니다. 길거리에 아무런 활력이 없었고 무척 쓸쓸했어요. 불황으로 대부분의 상점이 문을 닫은 상태였습니다. 사람도 없었고 가게도 없었죠. 그 모습이 너무나 기묘하게 보였어요. 스페인은 각종 비즈니스에 정부 규제가 무척 심한 나라입니다. 그것이 새 비즈니스의 시장 진출을 막는 결과를 초래했고, 결국 사람들은 국가의 보조에 기댈 수밖에 없는 상황이 되고 말았죠.

인도에서는 국가가 국민에게 많은 것을 해 주지 않습니다. 정말이지 해 주는 게 없어요! 그렇기 때문에 자신의 머리로 궁리해 스스로 생계를 꾸려갈 수밖에 없습니다. 이들리 <small>인도식 찐빵</small>를 만들어 길 한쪽에서 팔아서라도 말이죠. 그들은 누군가가 자기를 구해 주기를 기다리지 않습니다. 대부분의 인도인들은 그런 식으로 매일의 삶을 꾸려 가고 있어요.

V. 기타 손수건 한 장 파는 것도 비즈니스니까요. 심지어 요즘엔 '장보기 대행 비즈니스'도 있어요. 바빠서 쇼핑할 시간이 없는 사람에게 일정 수수료를 받고 대신 장을 봐 주는 거죠. 다들 그런 식으로 자신만의 지혜를 짜내 비즈니스를 하고 삽니다.

기타 울프 하지만 이런 분위기는 일본의 '스몰 비즈니스'와는 전혀 다른 느낌일지도 모르겠네요. 인도는 일본처럼 '선택지가 있는' 상황은 아니거든요.

V. 기타 요즘에는 IT 대기업에 근무하다가 '이런 인생은 싫

다'며 회사를 뛰쳐나오는 사례도 늘었습니다. 30~40대 젊은 층이죠. 제 친구 중에도 그렇게 서점을 시작한 사람이 있는데, 상당히 재밌는 일을 합니다. 가난한 아이들을 위한 학교에 소소하게 지원을 한다거나 사회에 눈을 돌리고 있죠. 그런 사람이 조금씩 늘어나고 있어요.

기타 울프 길거리에서 스몰 비즈니스를 하는 사람들과 우리 사이에 차이가 있다면, 우리에게는 선택의 여지가 있었다는 겁니다. 우리는 대기업에서 일을 할지, 지금의 일을 할지, 원하는 것을 선택할 수 있었기 때문입니다. 그런 면에서 혜택을 받았다는 점도 자각하고 있지요.

일하는 모든 이에게 전하고 싶은 말

일을 하는 데 가장 중요한 것은 사람이라고 생각합니다. 인간관계에서 '이렇게 해야겠다'고 신경 쓰는 부분이 있나요?

기타 울프 첫째는 상대방의 이야기를 잘 들어주는 것. 문제가 없는지 살피는 것. 그리고 그들이 자긍심과 책임감을 가지고 각자의 일을 할 수 있도록 격려하는 것도 중요합니다. 이것은 '우리'의 빌딩이고, 이것은 '우리'의 책이고, 이 일은 '우리'의 공동 책임으로 진행되고 있다는 식으로 말이죠. 자신이 하는 일을 보잘것없는 일이라 여기길 바라지 않습니다. 작은 회사일수록 자신의 일을 하찮게 생각하기 쉽고, 그런 생각이 들지 않게끔 해 줄 만한 여유가 없죠. 그러나 우리는 자신의 일이 무언가에 공헌하고 있다는 생각을 해 주길 바랍니다. 그렇기 때문에 더더욱 그들의 이야기에 귀를 기울이죠. 서로 솔직한 이야기를 나누다 보면 많은 것을 해결해 나갈 수 있어요.

하지만 최근 몇 년 회사를 꾸려 오면서 혁신적이고 강력한 리더십도 필요하다고 생각하게 됐습니다. 앞으로 어떤 책을 만들어 갈 것인가 하는 문제도 포함해서 말이죠. 그 사람 능력 밖이라거나, 원하지 않는 자리에 사람을 배치할 수는 없습니다. 일에 대한 책임과 그에 따르는 권리는 밀접하게 붙어 있을 수밖에 없지요. 그러므로 능력에 상관없이 누구든 가능하다는 말은 비현실적입니다. 그래서는 제대로 돌아가지 않으니까요. 동시에 그 사람이 자신의 위치에서 어떤 일을 하고 있고, 어떻게 공헌하고 있는지에 대해 우리가 파악하고 있어야 한다고 생각합니다. 각각이 하고 있는 일의 경중을 따지겠다는 그런 이야기는 아닙니다. V. 기타 다들 저마다의 가치를 지닌 인재들이니까요. 계급적인 상하 관계여서는 안 됩니다. 하지만 그와 동시에 어떤 지위에는 보다 많은 책임이 요구되는 것도 사실입니다. 그에 맞는 시스템과 지휘 계통을 만들어야 하는 거죠. 그 시스템이 보다 일하기 쉬운 환경을 만들 수 있기 때문입니다.

전 직원 정기 모임을 연다고 하셨는데, 그렇게 직접 얼굴을 마주하는 것이 중요하다고 생각합니까?

V. 기타 물론입니다. 타라북스 직원과는 말할 것도 없고, 외부 사람들과 만나는 것도 무척 중요해요. 바로 얼마 전, 아르메니아, 리투아니아, 러시아의 문화 단체가 하는 전시회를 도운 적이 있었습니다. 40~50대 인도 사람들은 유

소년기에 러시아 쪽 문화를 접하며 자랐습니다. 그래서 그쪽 문화에 향수를 느끼는 사람도 많아요.

다른 문화 배경을 가진 사람들과 무언가를 함께 한다는 건 무척 가치가 큰 일입니다. 여러 가지 자극도 되죠. 일례로 아르메니아나 리투아니아 사람들은 러시아에 부정적인 감정을 가지고 있습니다. 소련 시절 억압받았던 역사 때문이지요. 하지만 인도 사람들에게 러시아는 친구 같은 친근한 나라입니다. 문학과 음악 같은 그들의 훌륭한 문화를 저렴한 가격에 제공해 줬기 때문이지요. 인도의 많은 이들이 그들의 문화를 즐겼고, 그들을 통해 사회주의도 접할 수 있었다고 봅니다. 그래서 우리는 그들을 존경하고 있다고까지 말할 수 있었죠. 이런 식으로 서로 다른 문화권의 사람들과 일할 수 있다는 것, 서로 의견을 주고받을 수 있다는 것은 멋진 일입니다.

앞으로 출판에 관계된 일을 할 사람이나 작가를 목표로 하는 사람에게 조언을 해 주신다면요?

V. 기타 제가 조언할 수 있는 건 그리 많지 않지만, 아무래도 경험을 쌓는 것과 자기 일을 사랑하는 것은 중요하다고 생각합니다. 자기가 원하는 것을 실현시키기 위한 열정도 필요합니다. 그저 정서적인 감상만으로는 불가능하니까요.

또 하나는, 모든 단계에서 명확히 선택할 수 있어야 합니다. 무엇이 하고 싶은가, 어느 정도로 그것을 원하는가, 이것은 좋은가 나쁜가, 이것은 옳은가 그른가. 그런 것들을 염두에 두고 매 순간 명확히 선택해야 하지 않을까요? 서점을 하는 사람도 마찬가지고 에이전시를 하는 사람도 마찬가지고 출판사를 하는 사람도 마찬가지입니다.

마지막 하나는 늘 열린 마음이어야 한다는 것. 늘 배운다는 자세로 임할 것. 자신의 한계를 알고 있어야 한다는 말이기도 하죠.

기타 울프 여러 그림책 작가들이 타라북스에 자기 이야기를 들고 옵니다. 그 작가들에게 하고 싶은 말은, 자신이 만든 모든 이야기가 독자 입장에서 반드시 재밌지만은 않다는 사실입니다. 한 발 뒤에서 자기 작품을 바라볼 필요가 있지요. '나는 이런 게 좋다'는 것만으로는 충분치 않다는 것을 절실히 이해해야만 합니다.

V. 기타 물론 자신의 아이나 손자는 그 이야기를 좋아할 수도 있죠. 그것은 또 그것대로 좋다고 생각합니다.

기타 울프 그렇죠. 하지만 그 이야기가 반드시 세상 사람들을 대상으로 한 책이 될 수 있는 건 아니니까요. 또 하나, 독자가 책을 읽다가 해설이 필요하다고 느껴서는 안 됩니다. 책 속에 모든 것이 들어가 있어야 하죠. 가끔 자신의 작품에 대해 자세한 말로 설명하는 예술가가 있는데, 책은 그 자체로도 세상에 날갯짓하는 존재입니다. 작가가 매번 옆에 붙어서 설명해 줄 수는 없는 노릇이죠. 책 스스로가 모든 걸 말해 주는, 그런 책이어야 합니다. ●

BOOK
LIST

타라북스가 지금까지 펴낸 책

이 리스트는 2018년 3월, 편집부에서 조사한 간행본 리스트다. 핸드메이드 책으로 출판한 것들 중에는 그 이후 오프셋 인쇄로 찍어 보급판으로 재출판한 것도 있다.

☀=핸드메이드 책 / ★=볼로냐 라가치상 뉴호라이즌 부문 수상작 / ⬟=BIB 브라티슬라바 세계 그림책 원화전 수상작

1995

Landscapes: Children's voices	Gita Wolf, Madras Craft Foundation
The Very Hungry Lion ☀	Gita Wolf, Indrapramit Roy

1996

A Wild Elephant at Camp	Anupama Mohorkar, Emanuele Scanziani
The Art of Survival Fabric Images of Women's Daily Lives	Gaby, Geetha Varadarajan Franger
The Mahabharatha: A Child's View	Samhita Arni
Child Art with Everyday Materials	Tarit Bhattacharjee, Kanchana Arni, Gita Wolf

1997

Monkey's Drum	Anita Moorthy, Soumitro Sarkar

1998

Tiger on a Tree ⬟	Anushka Ravishankar, Pulak Biswas
Four Heroes and a Haunted House	Narayan Gangopadhyay
Picturing Words & Reading Pictures	Gita Wolf
Puppets Unlimited with Everyday Materials	Gita Wolf, Anushka Ravishankar
Leaf Life	Sirish Rao
Anything but a Grabooberry	Anushka Ravishankar, Rathna Ramanathan
Real Men don't Pick Peonies	Sirish Rao
Hen-sparrow Turns Purple ☀	Gita Wolf, Pulak Biswas

1999

Catch that Crocodile! ☀	Anushka Ravishankar, Pulak Biswas

David Days Mona Nights	Andreas Steinhoefel, Anja Tuckermann, Gita Wolf
Soul Force: Gandhi's Writings on Peace	M. K. Gandhi, V. Geetha
Oedipus the King ☀	Sirish Rao, Gita Wolf, Indrapramit Roy
The Bacchae ☀	Sirish Rao, Gita Wolf, Indrapramit Roy
One, Two, Tree!	Anushka Ravishankar, Sirish Rao, Durga Bai
The London Jungle Book	Bhajju Shyam

2005

Today is My Day	Anushka Ravishankar, Piet Grobler
The Tree Girl	Gita Wolf, Sirish Rao, Indrapramit Roy
The Legend of the Fish ☀	Gita Wolf, Sirish Rao, Emanuele Scanziani
Sultana's Dream	Rokheya Sakhawat Hossain, Durga Bai

2006

Hippolytos ☀	Sirish Rao, Gita Wolf, Indrapramit Roy
Mangoes & Bananas	Nathan Kumar Scott, T. Balaji

2007

Elephants Never Forget	Anushka Ravishankar, Christiane Pieper
To Market! To Market!	Anushka Ravishankar, Emanuele Scanziani
The 9 Emotions of Indian Cinema Hoardings	M. P. Dhakshna, V. Geetha, Sirish Rao
That's How I See Things	Sirish Rao, Bhajju Shyam
Barefoot Gen A Cartoon Story of Hiroshima	Keiji Nakazawa
Matchbook	Shahid Datawala

2008

The Circle of Fate ☀	Radhashyam Raut, Raja Mohanty, Sirish Rao
The Night Life of Trees ☀ ★	Bhajju Shyam, Durga Bai, Ramsingh Urveti

THE ENCIRCLING KHIRSALI

The Khirsali surrounds and protects us wherever we are.
It make the fences around our fields, the borders of our
homes, the slats in the roofs above our heads, and the gates
that guard entrances.

나무들의 밤 *The Night Life of Trees*
바주 샴, 두르가 바이, 람 싱 우르베티 /2008년/일본어판:
다무라도(2012년)/한국어판: 보림(2012년)

타라북스의 이름을 세계에 각인시킨 대표작.
2008년 볼로냐 라가치상 뉴호라이즌 부문
우수상을 수상했다. 밤이 되면 본성을
드러내는 성스러운 나무들. 그 나무에 깃들어
있는 곤드족 마을의 신화를 한 권의 그림책에
담았다. 손으로 떠서 만든 검은색 종이에
화려하게 인쇄한 나무들로 섬세하고 강렬한
곤드족의 세계관을 잘 표현하고 있다.

THE LOBSTER'S SECRET
While drawing a lobster, I was struck by its dual nature: it is food for some, but if it is not cooked immediately after it dies, it turns into poison. This made me wonder if the lobster harboured a secret that we cannot even guess. To express its inner being, its secret core, I painted the lobster using a maze of lines, patterns, and colours. When I was done, I realized that there is no limit to what art can do.

물 속 생물들 *Waterlife*

람바로스 자/2011년/일본어판: 가와데쇼보신샤(2013년)/
한국어판: 보림(2015년)

미틸라화인도와 네팔 미틸라 지역에서 전해 내려오는
벽화 양식 방식을 가져와 작가의 독자적인
해석으로 물 속 생물을 묘사한 작품. 작가가
태어나 자란 갠지스강 근처의 생물부터
실재하지 않는 생물에 이르기까지, 섬세한
터치로 생동감 있게 묘사한 그림책이다.
2012년 볼로냐 라가치상 뉴호라이즌 부분에서
우수상을 수상했다.

THE MARRIAGE SYMBOL

Whenever there is a marriage in our region, the motif
of the lotus is painted on the floor. The lotus is revered
in our culture: folk songs and stories contain beautiful
references to this lovely flower and its broad leaves. I have
not drawn the lotus on a marriage floor, mine floats in a
pond, surrounded by four white swans.

고양이가 좋아 *I Like Cats*
아누쉬카 라비샹카르 외 여러 작가들/2009년/

일본어판: 그래픽사(2015년)

태평스러운 고양이, 뚱뚱한 고양이, 기도하는
고양이. 페이지마다 변하는 고양이의 표정이
인상 깊은, 사랑스러운 고양이 그림책이다.
인도 각 지역 소수 민족 예술가들의 개성이
잘 드러나 있으며, 아누쉬카 라비샹카르의
유쾌한 글과 고양이 그림들을 조화롭게 연결한
아름다운 타이포그래피 디자인도 눈에 띈다.

Chinless cats

Striped cats

Cats with spots

The Birth of Art

The creator gave us the gift of the earth not only to live,
but also, in turn, to create. We make forms out of mud—
houses, pots, and hearths. And from mud come the five
earth colours: white, black, yellow, red and green.

It is the women of our community who created the first art. They cleaned their
houses and thresholds, and began decorating the floors and walls with patterns,
using the five mud colours. These ritual patterns are called *Digna*, and our art
evolved from them. Dignas are the alphabet of Gond art.

세상의 시작 *Creation*

바주 샴, 기타 울프/2014년/일본어판: 다무라도(2015년)

중앙 인도 곤드족에 전해 오는 이야기를
기초로 재구성한 열 가지의 창세 신화.
흘러가는 시간, 시작과 끝, 대지의 힘, 죽음과
재생. 부족의 삶에 깃들어 있는 작은 우화를
통해 세상의 기원에 대한 장대한 세계로
독자를 초대한다. 바주 샴은 그림은 물론,
기타 울프와 함께 글을 수록하며 자신의 고향
곤드의 문화를 소개하고 있다.

Time
Day and night, beginning and end, life and death—creation is made of opposites. For human beings, life is measured in time.

Time for human beings is made up of day and night. Each is a half of one whole. Human beings themselves are made up of two halves: man and woman. A man is associated with the sun, and a woman with the moon—together, they stand in for day and night. They are opposites that make the whole.

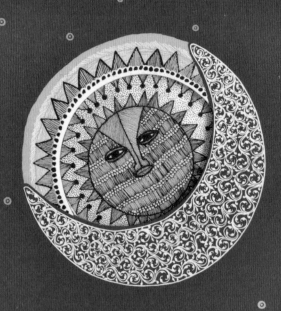

Sun and Moon

Folk Tales by Various Artists

The sun and moon are married. ...but sadly, they can meet only at dawn.

We'r

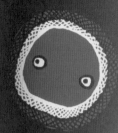

the sun when the day begins...

...and the moon tells us when it is time to relax.

해와 달 *Sun and Moon*
여러 작가들/2016년/일본어판: 다무라도(2017년)

해와 달에 대한 신화는 나라나 지역에
상관없이 전 세계에서 보편적이다.
<해와 달>은 인도 각 지역의 소수 민족
예술가들이 그린 해와 달, 그리고 그들의
문화와 연관된 이야기를 담은 그림책이다.
해는 흰색, 달은 검은색의 수제 종이에
실크 스크린 기법으로 찍어 냈고, 열 개의 낮과
밤의 세계가 책 속에서 전개된다.

배고픈 사자 *The Very Hungry Lion*

기타 울프, 인드라프라밋 로이/1995년/

일본어판: 아톤(2005년)/한국어판: 시공주니어(2005년)

게으름뱅이에다가 조금은 어수룩한 사자
싱암이 손쉽게 먹이를 잡기 위해 이런저런
시행착오를 겪는 이야기. 스토리는
인도 민화를 기초로 했고, 그림은 화가
인드라프라밋 로이가 자신의 부족 왈리족
스타일로 그렸다. 초판은 핸드메이드 책으로
만들었지만 그 이후부터는 오프셋 인쇄로
찍었다. 현재는 절판. 다시 찍어 주길 바라는
그림책 중 하나다.

"Stop! Stop!" he roared as the train ... by. "Wait!"

But the engineer only went faster when he saw Singam. "What a close call," said the people on the train.

So Singam had to walk across the railway tracks, over the bridge and along the road, all the way to the market, which was outside the village. It took a long time. The sun was climbing up in the sky.

"Hey people!" Singam roared, as soon as he reached the marketplace, "I'm very hungry! I need sugar and bananas and milk and butter and pots and pans and firewood! Kuruvi is waiting to make me rice cakes."

The people who heard him roar like that dropped everything and rushed off to hide in the village.

Singam went around their stalls taking sugar and bananas and milk and butter and pots and pans.

Dance

하다! *Do!*
라메시 헨가디, 샨타람 닷페, 기타 울프/2009년

인도 서부 마하라슈트라주, 왈리족의 민속화를
기초로 탄생한 그림책. 왈리족은 붉은 흙벽과
바닥에 쌀로 만든 물감으로 그림을 그린다.
'춤', '요리', '물고기' 등 각 주제어에 맞게,
단순하고 대범한 암각화 스타일의 붓 터치로
부족 사람들의 생활을 그려 낸 그림책이다.

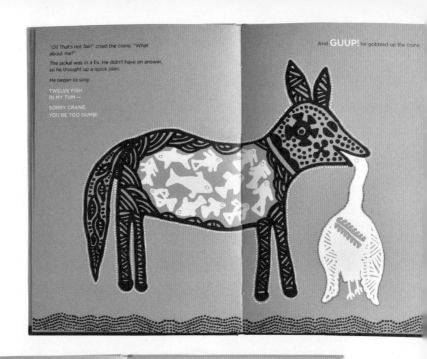

"Oi! That's not fair!" cried the crane. "What about me?"

The jackal was in a fix. He didn't have an answer, so he thought up a quick plan.

He began to sing:

TWELVE FISH
IN MY TUM —

SORRY CRANE,
YOU'RE TOO DUMB!

And **GUUP!** he gobbled up the crane.

"Ha, ha, easy with a slow-poke tortoise!" yelled a cheeky squirrel from a nearby tree. "Just try catching me!"

"How dare!" thought the jackal. He was feeling a bit full, but he couldn't let this insult pass.

꿀꺽꿀꺽 잡아먹을 테다! *Gobble You Up!*

수니타, 기타 울프/2013년/한국어판: 대교(2014년)

인도 서부 라자스탄주에 전해 내려오는
민화를 기초로 만든 그림책이다. 본문은
크라프트지에 흑과 백의 잉크로 인쇄해,
라자스탄주의 미나족 여성들이 손가락으로
그리는 벽화 '만다나'의 질감을 재현하고자
했다. 동글동글한 곡선으로 그린 동물들이
소박하고 사랑스럽다.

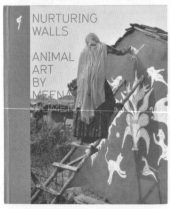

미나족 벽화: 미나족 여성들의 애니멀 아트
Nuturing Walls: Animal Art by Meena Women
마단 미나, 기타 울프/2008년

라자스탄주 미나족 여성의 손에서 이어져
내려온 만다나 그림. 손가락에 석회를 묻혀
집의 토벽이나 바닥에 동물이나 도속 문양을
그린다. 하지만 매년 힌두교 빛의 축제인
디왈리 무렵 그림을 교체하기 때문에 한 번
그린 그림이 오래 보존되지는 못 한다. 무명의
예술가인 미나족 여성의 그림을 기록한
귀중한 책이다.

The next day, when I came to work, my employer was taking a painting class. I was still so excited about my bird that I found the courage to ask her ... could I learn how to paint too? She said ... yes!

내 붓 가는 대로 *Following My Paint Brush*
두라이 데비, 기타 울프/2010년

가난한 집에 태어나 학교조차 다닐 수 없었던
여성이 몇 가지의 기적 같은 일을 거쳐
예술가가 되는 과정을 그린 이야기. 저자
자신의 경험을 기초로 한 생동감 넘치는
그림책이다. 소박한 선, 화려한 색, 인도 동부
비하르 지역의 미틸라화 기법을 기본으로 한
이 책은 두라이 데비의 첫 번째 책이기도 하다.

인도의 동물들 *Beasts of India*

기타 울프, 칸차나 아르니/2003년

타라북스가 소수 민족 예술가들과 처음으로
만든 그림책. 호랑이, 코끼리, 뱀 등 인도의
동물들을 다양한 소수 민족 예술가들이
나눠 그렸다. 7도 인쇄로 찍어야 하는
페이지도 있어서 인쇄 장인들을 애먹인
그림책이다. 한동안 절판이었으나 2017년
새로운 표지로 재출간했다.

운명의 고리 *The Circle of Fate*

라다샴 라우트, 라자 모한티, 시리시 라오/2008년

비슈누 신우주를 유지하는 신의 사자인 가루다가
죽음의 신에게 홀리고 만 어느 섬의 미래를
바꾸려 한다는, 운명과 사랑을 주제로 한 우화.
인도 동부 오디샤주의 사원을 장식하는 전통
그림 파타치트라 화법으로 그린 그림이 인상
깊다. 화려한 장식과 섬세한 조형미가 신비의
세계로 독자를 이끈다. 타라북스의 여러
책들 중 특히나 고도의 인쇄 기술이 필요했던
책이다.

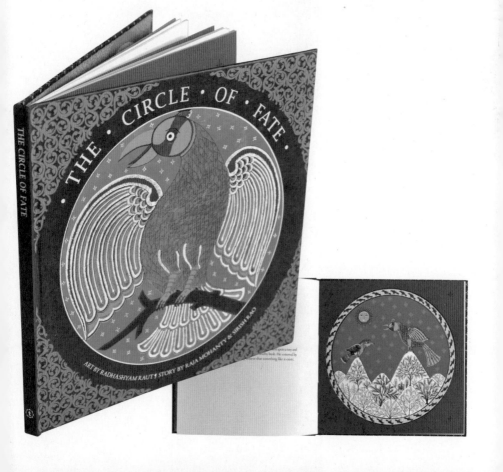

꿈꾸는 소녀 테주 *Drawing from the City*

테주 베한/2012년/한국어판: 비룡소(2014년)

라자스탄 시골에 사는 소녀 테주는 거리
공연을 하며 살아가는 부족 출신이다.
어릴 적부터 테주의 꿈은 도시에 나가
사는 것이었다. 그런 소녀의 눈에 비친 도시와
도시 사람들은 어떤 모습일까? 고향을 떠난
소녀가 그림을 만나 정신적인 자유를 손에
넣기까지, 그의 반생이 차분하면서도 생생하게
펼쳐진다. 2017년에는 석판화판도 간행됐다.

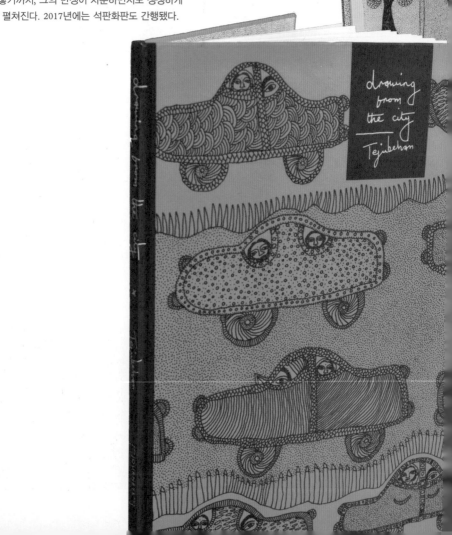

Our goddess is armed and rides a tiger, and Ma says she is both kind and fierce. [...] women in the village pray to her. They ask for different things: for rain, [...] to get well, for a good harvest. I pray sometimes, with Ma. [...] care of the poor, but I don't know

even in the midst
of the …
of night

I saw the man …

불타는 꼬리가 달린 공작새를 보았다
I Saw a Peacock with a Fiery Tail
람 싱 우르베티, 조나단 야마카미/2011년

17세기 영국 시를 아름다운 비주얼의
세계관으로 재구축한 그림책. 북 디자이너인
야마카미가 타공으로 가공한 북 디자인으로
곤드족 화가 우르베티의 정밀하고 시적인
그림과 17세기 트릭 시의 본질을 훌륭하게
표현해 냈다.

불멸의 방주 *The Enduring Ark*
기타 울프, 조이뎁 치트라카르/2012년
'노아의 방주' 이야기를 웨스트벵골주의
'두루마리 그림'인 파투 방식을 차용해
인도의 시각으로 재구성한 그림책. 환경
문제 등 현대의 시점도 포함되어 있다.
전통 파투 방식에서는 위에서 아래로 그림을
펼치며 이야기를 진행하지만, 이 책에서는
왼쪽에서 오른쪽으로, 표지를 향해
이야기가 뻗어 나간다.

God told them to first build a big
ark, a safe haven to see them...

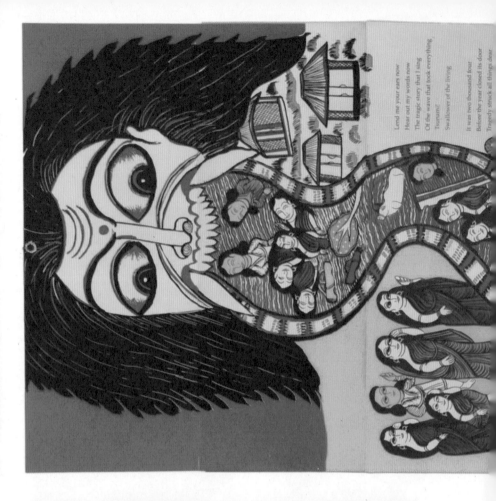

Lend me your ears now
Hear out my words now
The tragic story that I sing
Of the wave that took everything,
Tsunami!
Swallower of the living.

It was two thousand four
Before the year closed its door
Tragedy struck all things dear

TSUNAMI

Jaydeb and Moyna Chitrakar

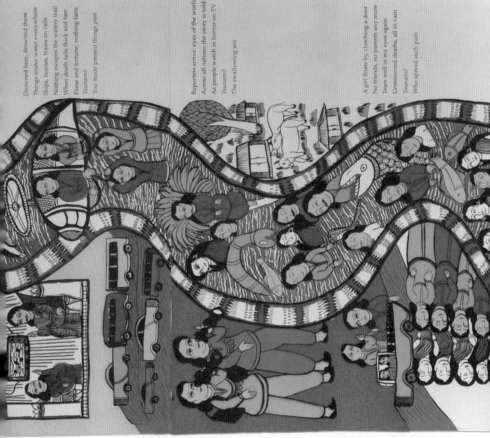

Drowned here, drowned there
Things under water everywhere
Ships, houses, trains on rails
Nothing escapes the watery trail
When death falls thick and fast
Fame and fortune, nothing lasts
Tsunami!
You made present things past

Reporters arrive, eyes of the world
Across all nations the story is told
As people watch in horror on TV
Tsunami!
The swallowing sea.

A girl floats by, clutching a door
No friends, no parents any more
Tears well in my eyes again
Unmourned deaths, all in vain
Tsunami!
Who spread such pain

쓰나미 *Tsunami*

조이뎁 치트라카르, 모이나 치트라카르/2009년

웨스트벵골 지역의 이야기꾼 파투이들은
두루마리 그림을 그려 그 지역에 전해
내려오는 이야기를 사람들에게 들려준다.
이 책은 쓰나미로 발생한 무서운 일들을
두루마리 그림이라는 소박한 형태를
차용해 정교한 방식으로 그려 냈고, 하나의
우화로 승화시키는 한편, 재해에 대해
받은 마음을 치유시키는 한편, 재해에 대해
끝없는 주의를 강조하는 책이다.

자주색으로 변한 참새 부인

Hen-sparrow Turns Purple

기타 울프·뿔라 비스와스/1998년

타라북스에서 처음으로 다양한 책의 형태에
대해 도전한 핸드메이드 책. 실크 스크린으로
인쇄한 본문에 오프셋으로 인쇄한 그림을
일일이 붙여 만든, 이른바 하이브리드
그림책이다. 부단 경전 모양에서 힌트를 얻어
부채접기 제본 형식으로 만들었다. 전체를 다
펴면 벽에 걸어 두고 볼 수 있다.

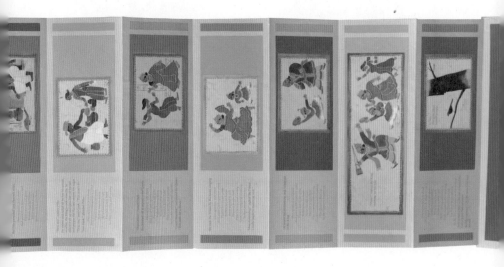

빌족 카니발에 가다 *Visit the Bhil Carnival*
수바시 아마리야, 기타 울프/2014년

'바고리아'는 마디아프라데시주, 빌족의 축제
이름이다. 책장 가득 그려진 바고리아의
활기찬 풍경과 신바람이 나서 즐겁게
돌아다니는 남매의 모습이 보는 이의 마음까지
설레게 하는 책이다. 지도와 팝업 그림책이
융합된, 재밌는 장치로 가득한 그림책.

"Hurry up, brother!" Complains a group of small children standing behind Neela.

They head over to join the queue at the Ferris wheel.

COME ON, COME ON! TICKETS HERE! Ladies and gentlemen, boys and girls! Ride the biggest wheel in the world! Call out the tall men who are pushing the wheel.

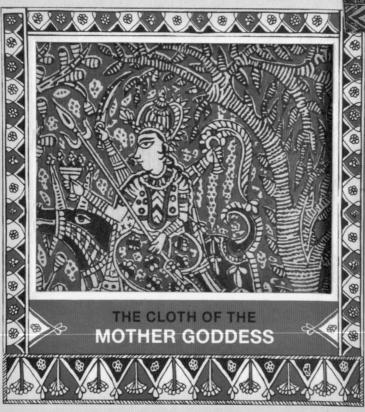

THE CLOTH OF THE
MOTHER GODDESS

JAGDISH CHITARA

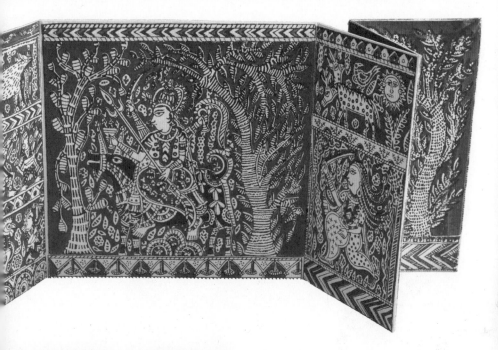

어머니 여신의 천

The Cloth of the Mother Goddess

자그디쉬 치타라/2015년/한국어판/보림(2017년)

인도 서부 구자라트주에 거주하는 목판화
기술자들의 공동체 '바가리'. 그들 사이에 전해
내려오는 기술로 여신의 천, '마타니 파체디'를
만든다. 목판 기술과 천연 염색 기법으로
완성하는 이 성스러운 천은 차별 때문에
사원에 입장할 수 없는 바가리 사람들이
신앙의 의지처로 삼던 것이다. 이 책은 무려
5미터가 넘는 마타니 파체디의 미니어처
판이라 할 수 있다. 좌우로 책을 열 수 있게
만들었기 때문에 정교한 공예품이나 작은 제단
같은 느낌이 든다.

악어를 잡아라 *Catch that Crocodile!*
아누쉬카 라비샹카르. 풀락 비스와스/1999년/
한국어판: 파란하늘(2005년)

마을에 갑자기 나타난 악어로 마을 사람들
사이에 한바탕 소동이 벌어진다. 그리고
작은 여자아이가 그 소동에 현명한 해결책을
제시한다. 타라북스가 초창기에 펴낸
이 책은 지금까지도 타라북스를 대표하는
그림책 중 하나다. 소박하고 생동감
넘치는 일러스트레이션, 약동감 넘치는
타이포그래피가 이야기를 리듬감 있게
끌어 나간다.

망고와 바나나 *Mangoes & Bananas*

나단 쿠마르 스콧, T. 바라지/2006년/

일본어판: 아톤(2006년)

사슴 칸칠과 원숭이 모녯은 힘을 모아
망고 나무를 심는다. 그런데 망고가
익어 갈 무렵 어떤 문제가 생기고 마는데….
이 책은 인도네시아의 민화를 스토리의
기본으로 삼고, '칼람카리'라는 인도
전통 텍스타일 스타일을 그림에 도입한
그림책이다. 텍스타일 아트를 그림책에
도입하려는 타라북스의 시도가 엿보인다.

나무 위의 호랑이 *Tiger on a Tree*
아누쉬카 라비샹카르, 폴락 비스와스/1998년/
일본어판: 효론샤(2007년)/한국어판: 대교출판(2004년)

어쩌다가 나무 위에 올라갔다가 마을
사람들에게 잡혀 버린 호랑이 이야기. <악어를
잡아라>와 함께 타라북스 초창기부터 줄곧
사랑받아 온 책이다. 비스와스의 힘찬 그림,
라비샹카르의 운율적인 글, 라마나탄의 춤추는
듯한 타이포그래피. 그림책에 익숙지 않던
당시 인도 아이들이 쉽게 즐길 수 있도록,
다양한 궁리가 책 속에 녹아 있다.

아이 눈으로 본 마하바라타
The Mahabharatha: A Child's View
삼히타 아르니/1996년

마하바라타는 힌두교 성전 중 하나이자
고대 인도의 종교, 철학, 신화를 포함한
장대한 서사시다. 당시 열두 살이던 소녀가
마하바라타에 대해 썼다는 것만으로도
인도에서 큰 화제를 불러일으켰던 타라북스의
베스트셀러 중 하나다. 아이의 시점에서
바라본 순수한 의문과 해석이 눈길을 끈다.
책 속 그림 또한 열두 살 소녀의 작품이다.

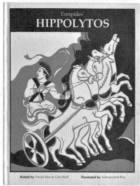

**안티고네 / 오이디푸스 왕 / 바커스의 신녀
/ 히폴리토스** *Antigone / Oedipus the King /
The Bacchae / Hippolytos*
기타 울프, 시리시 라오, 인드라프라밋 로이/2001년,
2004년, 2004년, 2006년

미국의 J. 폴 게티 미술관과 공동 출판
프로젝트로 완성한 책들이다. 소포클레스의
<안티고네>와 <오이디푸스 왕>,
에우리피데스의 <바커스의 신녀>와
<히폴리토스>. 이 유명한 그리스 비극들을
새로운 글과 그림으로 표현해 냈다.
미묘한 색감의 수제 종이에 두 가지 색으로
인쇄한 핸드메이드 책이다.

술타나의 꿈 *Sultana's Dream*
베굼 로케야 사카와 호사인, 두르가 바이/2005년

<술타나의 꿈>은 1905년, 벵갈족 작가인 베굼 로케야가 쓴 페미니스트 소설이다. 그 백 년 뒤인 2005년, 곤드족 여성 화가 두르가 바이가 새롭게 일러스트레이션을 그려 타라북스에서 펴냈다. 시간과 문화를 넘어선 여성 동지들 간의 매력적인 대화가 엿보이는 책이다.

시타의 라마야나 *Sita's Ramayana*
삼히타 아르니, 모이나 치트라카르/2010년

고대 인도의 장편 서사시 '라마야나'를 재구성한 그림책이다. 주인공인 라마 왕자의 무용담이 아니라, 그의 아내 시타의 시점으로 옮겨 이야기를 재구축했다. 포투 스타일의 그림 기법에 그래픽 노블을 녹여 낸, 타라북스로서도 새로운 시도였다.

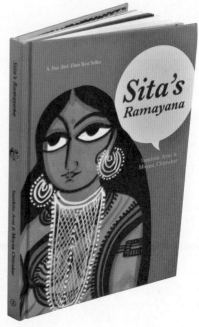

I Have a Dream *I See the Promised Land*
아서 플라워스, 마누 치트라카르/2010년/
한국어판: 푸른지식(2014년)

이 책도 파투 스타일 그림과 그래픽 노블
스타일이 결합한 것으로, 미국의 흑인운동가
마틴 루서 킹 목사의 생애를 다룬 책이다.
이 책의 그림을 그린 마누 치트라카르는
자신의 파투 레퍼토리에 킹 목사의 이야기를
추가했다고 한다.

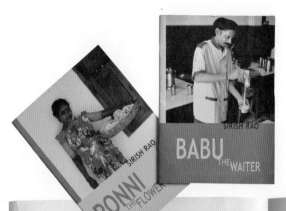

Ponni buys her flowers from
this flower shop.

She ties the flowers together
with a long string to make
garlands.

Now all the people have gone.

Babu is hungry. He eats his food.
Babu's food is free.

"Ten rupees please Babu!"
jokes the cook. Babu laughs.

웨이터 바부 / 꽃을 파는 포니
Babu the Waiter / Ponni the Flower Seller
시리시 라오/2000년

아이들을 위한 사진집. 특정 직업에 종사하는
사람을 선정해 그 사람의 하루를 따라가
본다는 콘셉트의 사진집이다. 책의 모델은
실제로 웨이터 일을 하는 바부와 길거리에서
꽃을 파는 포니다. 출근할 때부터 일이 끝날
때까지, 그들의 하루를 쉬운 영어로 상세하게
묘사하고 있다.

코끼리를 그리는 여덟 가지 방법
8 Way to Draw an Elephant
파올라 페라토티 외 여러 작가들/ 2015년

아이를 대상으로 하는 액티비티북.
다양한 소수 민족 스타일의 코끼리가
색칠공부처럼 구성되어 있다. 단순히
코끼리를 그리게 하는 것에서 그치지 않고,
사진과 비교해 비슷한 것과 다른 것에 대해
생각하는 등, 생각할 거리도 던져 주고
있다. 속편으로 <물고기를 그리는 여덟 가지
방법>도 있다.

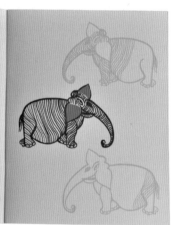

핑거프린트 Fingerprint
안드레아 아나스타시오/2009년

지문을 테마로 한 아트북. 이탈리아
디자이너인 안드레아 아나스타시오가
자기 손가락으로 찍어 완성한 그림들이다.
얼핏 보면 단순한 기법으로 만든 장난기
넘치는 그림책 같지만, 지문으로 사람을 관리,
감시하는 사회에 대한 정치적인 생각에서
태어난 도전적인 작품이다.

The Snake Princess

The King of the Nagas, the Serpent King, had a beautiful daughter called Ulupi, who lived in the depths of the river Ganga. One day, when she came to the surface of the water, she caught sight of the great warrior Arjuna, as he lingered on the river bank. Ulupi fell madly in love with the handsome man. Her delirium of desire was so strong that it reached out to Arjuna from the water, drawing him in. Arjuna was at the time alone in the world, on a solitary adventure, looking for experience that was out of the ordinary. There was one condition he had set himself –he had vowed to stay celibate. But Ulupi would not give up: she entreated him to make love to her, pleading that it was the only thing that would save her. Arjuna hesitated. Would it be so bad, he thought, to give in to Ulupi? Would not Dharma, the Universal Law, survive longer if his spirit was allied to the Nagas? He could revive an ancient pact that lay in the past, a relationship between serpent and human which was lost in the current hostility…and a night of liquid love with the Princess Ulupi was an exciting thought. So Arjuna gave in to his feelings, and going down into the depths of the water, made love to Ulupi. The lovely snake princess was also wise: she did not keep Arjuna with her. Giving him a boon that he would be invincible in water, she released him from her spell, and returned him to the river bank. She went back to her watery life, and in the course of time gave birth to Arjuna's son. She carried the baby carefully out of the river, and sent him up into the world above to join his father.

SSSS: 스네이크 아트 & 우화
SSSS: Snake Art & Allegory
기타 울프, 이안나 안드레디스/2010년

파리의 케 브랑리 미술관과 공동출판
프로젝트로 완성한 책. 케 브랑리 미술관은
원시 예술을 비롯해 아프리카, 아시아 문화에
대한 연구와 수집품으로 정평이 나 있는
미술관이다. 힌두교와 불교에 관련된 뱀의
다양한 전설과 구전을 모은 책이다.

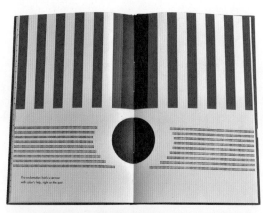

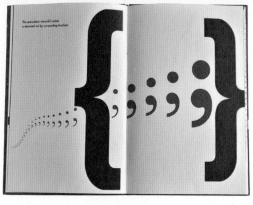

구두점의 나라에서 *In the Land of Punctuation*

크리스티안 모르겐슈테른, 라트나 라마나탄/2009년/
한국어판: 보림(2015년)

20세기 초엽 독일의 시인 크리스티안
모르겐슈테른이 쓴 시를 라트나 라마나탄의
대담한 디자인으로 재해석한 책. 2014년에는
대형 핸드메이드 책을 한정판으로 발매했다.

런던정글북 *The London Jungle Book*
바주 삼/2004년/한국어판: 리젬(2010년)

<나무들의 밤>, <세상의 시작>의
저자이기도 한 바주 삼이 난생 처음 겪은 외국,
런던에서의 나날을 엮은 일종의 문화견문록.
우리에게는 당연한 일상이 곤드족 마을에서 온
그의 눈에는 어떻게 보일까?

시그니처: 곤드족 예술의 패턴
Signature: Patterns in Gond Art
바주 샴, 기타 울프, 조나단 야마카미 외
여러 작가들/2010년

<나무들의 밤>, <세상의 시작> 등 타라북스의
그림책에 자주 등장하는 곤드족 예술. 그들의
그림에는 곤드족의 서명과도 같은 독특한
문양이 존재한다. 그리고 여러 그림에서
반복된다. 그림 속 작은 패턴에 주목해
그 의미를 찾아가는 곤드족 예술에 관한 책.

기억과 박물관 사이

Between Memory and Museum

아룬 울프, 기타 울프/2015년

다민족국가임에도 불구하고, '보통'의
인도 사람은 소수 민족 문화를 박물관이나
미술관에서 접하는 경우가 많다. 그렇다면
소수 민족 사람들은 자신들의 '보통' 삶이
박물관에 전시되는 것에 대해 어떻게
생각할까? 이 책은 소수 민족 예술가와 나눈
대화의 기록이자, 그들 예술을 감상하는
화집이기도 하다. 부록으로 영상 DVD도
포함되어 있다.

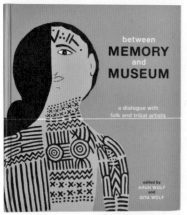

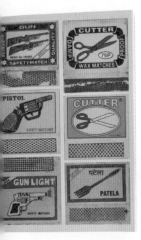

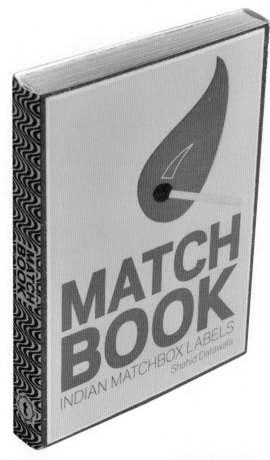

성냥갑 책 *Matchbook*
샤히드 다타와라/2007년

인도의 조그만 동네, 아무 가게나 들어가도
쉽게 살 수 있는 성냥. 그렇게 흔한
성냥이지만, 일종의 길거리 문화라는 측면에서
성냥갑을 모으는 열혈 수집가들도 많다.
이 책은 특정 회사에서 나온 성냥을 계기로
성냥갑 수집에 빠져든 저자의 컬렉션을
소개하는 책이다. 인도 성냥에 관한 V. 기타의
기고문도 빼어나다.

베이비! *Baby!*

시리시 라오/2003년

의사 아기, 농부 아기, 병사 아기,
가네샤코끼리 머리에 사람 몸을 한 지혜의 신 **아기** 등
1960년대부터 1990년대까지, 인도의 거리에서
팔던 대중화 속에서 아기를 모티프로 한
그림을 수록했다. 시대와 함께 변화한 아기의
이미지를 한눈에 볼 수 있는 책이다. 아기가
모티프인 만큼 표지도 폭신폭신 부드러운
느낌에 작은 사이즈다.

아홉 개의 감정—인도의 극장 간판

The 9 Emotions of Indian Cinema Hoardings

M.P.다크시나, V. 기타, 시리시 라오/2007년

인도의 극장 간판을 고전 예술에서 중시하는
'분노', '웃음', '혐오' 등 아홉 개 감정을 기초로
분류한 비주얼북. 최근 줄어들고 있는 극장
간판 그림을 소재로, 서민의 길거리 문화에
주목한 책이다. 각 장면마다 인용되고 있는
영화 대사도 제각각 인상 깊다.

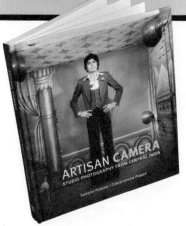

장인의 카메라 *Artisan Camera*

수레시 푼자비, 크리스토퍼 피니/2014년

'스튜디오 수하그'는 인도 중부의 작은 마을
나그다에 있는 사진관이다. 사진관 주인이자
사진사인 수레시 푼자비가 1970~1980년대에
촬영한 사진을 묶은 책. 당시 보통 사람들의
생활과 문화가 슬몃슬몃 들여다보이는
사진집이다.

한국어로 출간된 타라북스의 책

꿈꾸는 소녀 테주 *Drawing from the City* 테주 베한 비룡소, 2014년

꿀꺽꿀꺽 잡아먹을 테다 *Gobble You Up!* 기타 울프 대교, 2014년

구두점의 나라에서 *In the Land of Punctuation* 크리스티안 모르겐슈테른
보림, 2015년

나무들의 밤 *The Night Life of Trees* 바주 샴, 두르가 바이, 람 싱 우르베티
보림, 2012년

나무 위의 호랑이 *Tiger on a tree* 아누쉬카 라비샹카르 대교출판, 2004년

똑똑! 똑똑! *Knock! Knock!* 다카하시 가오리 보림, 2015년

런던정글북 *The London Jungle Book* 바주 샴 리젬, 2010년

물 속 생물들 *Water Life* 람바로스 보림, 2015년

배고픈 사자 *The Very Hungry Lion* 인그라프라밋 로이 시공주니어, 2005년

세상에서 가장 멋진 경주 *The Great Race* 나단 쿠마르 스콧 보림, 2014년

시장에 가요, 시장에! *To Market! To Market!* 아누쉬카 라비샹카르
웅진씽크빅, 2009년

쓰레기 줍는 아이들 *Trash!* 기타 울프, 아누쉬카 라비샹카르 거인, 2011년

I Have a Dream *I See the Promised Land* 아서 플라워스 푸른지식, 2014년

악어를 잡아라 *Catch that Crocodile!* 아누쉬카 라비샹카르 파란하늘, 2005년

어머니 여신의 천 *The Cloth of the Mother Goddess* 지그디쉬 치타라 보림, 2017년

책 만드는 책, 책 책 *The Book Book* 소피 베니니 피에트로마치 이야기꽃, 2014년

도서출판 남해의봄날 비전북스 19
우리 인생에 모범답안은 정해져 있지 않습니다. 대다수가 선택하고,
원하는 길이라 해서 그곳이 내 삶의 동일한 목적지는 될 수 없습니다. 진정한 자유를 위해
용기 있는 삶을 선택한 사람들의 가슴 뛰는 이야기에 독자 여러분을 초대합니다.

우리는 작게 존재합니다
세상에서 가장 아름다운 책을 만드는 타라북스

초판 1쇄 펴낸날 2018년 7월 25일
초판 2쇄 펴낸날 2019년 8월 10일

지은이 **노세 나쓰코**, **마쓰오카 고다이**, **야하기 다몬**
옮긴이 **정영희**
편집인 **천혜란** 책임편집, **장혜원**, **박소희**
마케팅 **원숙영**, **김하석**
디자인 **이기준**
종이와 인쇄 **미래상상**
펴낸이 **정은영** 편집인
펴낸곳 **남해의봄날**
경상남도 통영시 봉수1길 12, 1층
전화 055-646-0512
팩스 055-646-0513
이메일 books@namhaebomnal.com
페이스북 /namhaebomnal
트위터 @namhaebomnal
블로그 blog.naver.com/namhaebomnal

ISBN 979-11-85823-28-7 03300

나르마다 프라사드 데캄 <시그니처>